Aun aprendo

LES PINGOUINS DE L'UNIVERSEL

Du même auteur

Qu'appelle-t-on penser Auschwitz ?, Lignes, 2009

La Réaction philosémite, Lignes, 2009

Le Manteau de Spinoza. Pour une éthique hors la Loi, La Fabrique, 2014

Judaïsme et Révolution, La Fabrique, 2014

L'Intellectuel compulsif, Lignes, 2015

Ivan Segré

LES PINGOUINS DE L'UNIVERSEL

Antijudaïsme, antisémitisme, antisionisme

lignes

Pour Michel Surya, en partage

« *Désenchantement du concept "occulte" de "gardien de la porte" dans le commentaire de l'histoire insérée dans le roman. Caractère innommable de cette histoire : elle est sans titre. Elle vit comme telle dans la dimension d'un titre de traité hébraïque ou arabe.* »

W. Benjamin, *Projet d'essai sur Le Procès*

Avertissement

Un ami de toujours, talmudiste, vidéaste, photographe et poète a soumis une œuvre de facture expérimentale à un groupe militant (alliant la recherche artistique et politique), en vue de sa projection lors d'une de leurs séances publiques. Il lui fut répondu qu'il n'était pas question pour eux de projeter un film « sioniste ». On y voyait en effet des juifs orthodoxes, vêtus de noir et blanc, en Israël.

L'ami répondit que ce n'était nullement un film de propagande, et que du reste les juifs orthodoxes en question n'étaient pas « sionistes ». On lui fit alors remarquer qu'on y voyait Ivan Segré et que lui, en tout cas, était « sioniste ». Cela suffisait à exclure toute projection de cette œuvre expérimentale, pourtant d'une sereine beauté.

Cette savoureuse anecdote me donna l'idée d'un livre, qui serait comme l'envers talmudique, historique et politique du film en question, et une réponse aux antisionistes de ce poil.

Si le sous-titre du livre précise le domaine d'investigation, son titre est en revanche plus énigmatique. Mais il suffira au lecteur de garder à l'esprit que le « sioniste » que j'étais, vêtu de noir et blanc dans Jérusalem enneigée, n'était peut-être pas sans ressembler, vu de loin, à un pingouin… Restait à s'approcher davantage, jusqu'à pouvoir distinguer l'homme de l'animal.

PROLOGUE

> *« Seul le dualisme du signe, en menant à un primat du sens, à cette quête du sens, a conduit cette recherche épuisante d'identité. Mais la signifiance n'est pas une identité. Elle est une activité. »*
>
> Henri Meschonnic, *Jona et le signifiant errant*

Dans un avion reliant Prague à Tel Aviv, je ne parviens ni à lire, ni à dormir. Je dispose comme les autres passagers d'un écran vidéo et, un peu au hasard, je choisis un film, un thriller américain : *Triple 9* de John Hillcoat (2016). Laissons le temps courir... Le film débute : des hommes en armes, hautement équipés, très professionnels, entreprennent un braquage, s'emparent des documents qu'abritait un coffre-fort et prennent la fuite. Mais l'opération tourne mal, il y a des échanges de coups de feu au beau milieu d'une autoroute, la vie de civils est mise en danger, il y a des blessés et sans doute des morts. Les malfaiteurs s'échappent finalement avec leur butin. Il apparaît alors que ce sont des agents de police qui mènent une double vie : policier sur un versant, bandit sur un autre. Dans la scène suivante, le chef du groupe va remettre les documents volés à ceux qui ont commandité l'opération dont ces policiers-bandits n'étaient que les exécutants. L'homme arrive à un centre d'abattage, d'où des camions frigorifiques embarquent des carcasses de viande. Sur les camions, une étoile de David et l'inscription : « casher ». Le policier-bandit y retrouve deux hommes, qui sont vêtus de noir et blanc, à la manière des juifs orthodoxes : chemises blanches, vestes et pantalons noirs, kippas noires, barbes noires, avec aussi les franges, les *tsitsiths*, sortes de minces fils blancs qui dépassent de part et d'autre de la taille.

Ils sont apparemment des juifs orthodoxes, mais surtout des éléments de la mafia juive, à qui sont destinés les documents. Apparaît alors une femme, belle, blonde, machiavélique. Suit la scène du film qui expose l'intrigue.

Le chef des policiers-bandits est un Noir américain, il a été marié avec la sœur de la femme blonde, avec qui il a eu un enfant – avant de divorcer. C'est ainsi qu'il est entré en relation avec la mafia juive : sa femme était la sœur de la belle mafieuse blonde. Puis sa femme l'a quitté, elle est partie avec l'enfant, à Tel Aviv. Lui est à Atlanta, où il remet des documents à la sœur de son ex-femme, sous la surveillance des deux juifs orthodoxes, qui sont des hommes de main (lourdement armés, menaçants, antipathiques). Il demande des nouvelles de son fils. On lui dit qu'il pourra le voir bientôt… L'intrigue est ficelée : le policier noir est l'exécutant d'une mafieuse juive, parce qu'elle tient en otage son fils (par le biais de sa sœur, la mère). Autrement dit, la femme mafieuse juive le tient par les c… L'amour, le mariage, l'enfant n'avaient-ils d'autre finalité que de pouvoir, par la suite, le contraindre ? Il s'est associé des collègues afin d'exécuter les ordres de la mafia juive, qui monnaie les services qu'elle exige. Les ordres que reçoit la femme paraissent venir de Russie, mais la destination est Israël. Atlanta est le lieu des opérations. C'est donc lui, policier noir, ex-mari d'une juive liée à la mafia juive, qui introduit le ver dans le fruit de la police, étant lui-même devenu pourri, sous la contrainte.

Triple 9, des trois « 9 » qui, dans le code de la police, signale qu'un policier est à terre et que toutes les forces de police sont requises d'urgence, est le récit d'une gangrène qui comporte deux versants : celle venue de l'intérieur qui gagne la police, celle venue de l'extérieur qui gagne la ville d'Atlanta, où règne la violence des gangs noirs et latinos. Heureusement, de vertueux policiers sauront couper la branche pourrie de l'arbre avant qu'elle ne mine la police de l'intérieur. Ils sont notamment deux hommes, un chef de la police et son neveu, jeune recrue. Eux sont chrétiens et blancs. Dans une scène du film, le crucifix dans la maison du neveu, un bon policier, est suffisamment visible pour qu'il n'y ait aucun doute à ce sujet : il y a les policiers chrétiens et blancs, qui ont placé leur foi dans le crucifix ; il y a les brebis égarées, policiers notamment noirs et latinos, qui sont devenus pourris parce qu'ils se sont associés à la mafia ; et il y a la mafia, qui est juive, représentée par cette femme machiavélique, ses hommes de main vêtus de noir et blanc, et leur camion de chambre froide flanqué de l'étoile de David. Ce fut un thriller haletant. Les lumières s'allument. L'avion entreprend sa descente sur Tel Aviv. Je n'ai pas vu le temps passer.

Sur le site des *Inrockuptibles*, je découvre la critique enjouée de Serge Kaganski, qui juge ce thriller un modèle du genre. Il émet toutefois une réserve, expliquant qu'à y bien regarder *« un élément fait un peu tiquer »* :

> Tous les pourris (ou semi-pourris) sont juifs, noirs ou latinos alors que les héros purs et durs sont *wasps*. Certes, parmi les *bad guys*, certains ont des problèmes de conscience, ce qui indique qu'Hillcoat prend soin de se garder de tout essentialisme. C'est un poil gênant quand même puisque risque de passer le message subliminal selon lequel la corruption de la société américaine vient des métèques de tous horizons. À part cette étonnante maladresse, *Triple 9* est un polar hyperexcitant qui prend le sillage d'un Mann ou d'un Fincher et mérite un bon triple 9 sur 10[1].

Le critique de cinéma n'a pas manqué de le relever : il y a les personnages « *pourris* », qui sont les juifs de la mafia ; il y a les « *semi-pourris* », qui sont les policiers associés à la mafia, Noirs et Latinos ; et il y a les « *héros* », les bons policiers, intègres, fidèles et pieux, qui sont « *wasps* ». Cela dit, poursuit Kaganski, le réalisateur prendrait soin « *de se*

1. http://www.lesinrocks.com/cinema/films-a-l-affiche/triple-9/

garder de tout essentialisme » puisque, parmi les « *semi-pourris* », Noirs et Latinos, « *certains ont des problèmes de conscience* ». Ces hommes étant pour une part liés à la mafia juive, pour une autre à la police américaine, leur conscience est en effet le théâtre d'un conflit. Il n'empêche : « *C'est un poil gênant quand même…* » Le critique conclut à une « *maladresse* » et n'en tient pas rigueur à un film qui par ailleurs « *mérite un bon triple 9 sur 10* ». Il se méprend toutefois sur un détail : le « *message subliminal* » n'est pas celui qu'il dit être, car « *la corruption de la société américaine* » ne vient pas « *des métèques de tous horizons* », mais de la seule mafia juive, qui corrompt les faibles, Noirs et Latinos, par un stratagème machiavélique, peut-être diabolique : les vêtements rouges de la juive, dans une scène cruciale du film, sont lourdement allusifs, en effet ; de même que le crucifix accroché sur le mur du vertueux policier est placé en contrepoint du journal écrit en hébreu que la mafieuse lit, un instant. Rien qui ressemble donc à une « *étonnante maladresse* », mais un scénario bien ficelé qui dispose de part et d'autre le bien et le mal et, au milieu, le maillon faible : l'enfant du policier noir que tient en otage la diabolique femme juive. – J'arrive à la douane de l'aéroport Ben Gourion de Tel Aviv. Une femme blonde, derrière la vitre, examine mon passeport. Je lui trouve les yeux doux. Nous sommes au petit matin. Elle me dévisage un bref instant. « Que venez-vous faire en Israël ? – Vendre mon âme au diable ».

⋆

Dans le *Post-scriptum* d'un livre de dialogue avec Alain Badiou sur la politique et la philosophie de notre temps, intitulé *Controverse*, Jean-Claude Milner expose une doctrine du nom politique qu'on peut résumer par trois énoncés : a) « *un nom est d'autant plus politique qu'il divise plus profondément les adversaires* » ; b) « [le nom ouvrier] *avait été le diviseur par excellence au* XIX*e siècle. Il a cessé de l'être* » ; c) « *Si le* XX*e siècle a eu lieu, c'est pour une seconde raison : le nom juif est redevenu un nom politique, c'est-à-dire un nom diviseur* ». Milner ayant exposé sa doctrine, Alain Badiou lui répond :

> Un nom est politique, dirais-je quant à moi, s'il ne divise qu'autant qu'il inscrit la volonté d'une unité supérieure. C'est pourquoi il est impossible qu'un nom politique soit celui d'une identité. Car une identité ne divise que pour se maintenir, voire s'épurer. Seule une Idée divise par sa puissance d'unification. Aucune identité n'est universelle, seule l'est ce qui surmonte toute identité dans la direction d'une multiplicité générique[1].

On aperçoit aisément, en effet, ce qu'induit la doctrine de Milner : il s'agirait de substituer aux noms d'une « *multiplicité générique* » – disons au nom « *ouvrier* » en son acception communiste –, le nom d'une identité, en l'occurrence le « *nom juif* ». Autrement dit, l'illusion portée par le nom communiste serait aujourd'hui dissipée, l'effondrement du bloc soviétique, après la révélation des camps de Sibérie, faisant foi, et sur ses ruines renaîtrait le « *nom juif* », étant redevenu, une fois l'illusion communiste dissipée, le nom politique par excellence, celui qui divise le plus profondément les adversaires. Les superproductions hollywoodiennes en témoigneraient. Après la disparition de l'ennemi soviétique, l'empire du mal a pris de nouvelles figures, l'islam, bien sûr, mais aussi parfois la Chine, ou la Russie, ou encore les juifs. Et *Triple 9* est l'indicateur d'une transition possible : la femme diabolique prend ses ordres à Moscou, mais sa destination est Israël.

Prétendre que le « *nom juif* » est le nom politique par excellence, parce qu'il divise profondément les adversaires,

1. A. Badiou et J.-C. Milner, *Controverse. Dialogue sur la politique et la philosophie de notre* temps, animé par Philippe Petit, Paris, Seuil, 2012, p. 179-180 et p. 185.

tandis que le nom « *ouvrier* » n'aurait finalement d'autre fonction que de recouvrir le « *nom juif* », de le refouler, de le barrer, voilà peut-être le noyau dur de ce que j'ai proposé d'appeler, dans deux précédents ouvrages, la *réaction philosémite*[1]. L'opération, de fait, contribue à ne donner d'autre consistance au nom « *ouvrier* » que celle d'un déni : raturer le « *nom juif* » – la preuve étant que, une fois l'illusion dissipée, du communisme ne resterait rien sinon un antijudaïsme jusqu'ici latent[2]. C'est à ce sujet que j'ai avec Alain Badiou scellé une sorte d'alliance politique et philosophique, en combattant l'instrumentation tantôt farcesque (Finkielkraut), tantôt comique (Milner) du « *nom juif* ».

Le temps est à présent venu d'y associer l'autre versant, disons l'envers tragique de la chose : le « *nom juif* » est-il le nom d'une identité, ou bien ne divise-t-il profondément que parce qu'il est lui-même divisé ? Et en ce cas, quelle division divise donc le « *nom juif* » ? On peut considérer que ce nom désigne une *identité*, ou bien le concevoir tout autrement, notamment comme une *activité*, au sens où l'entend Henri Meschonnic lorsqu'il oppose à la « *recherche épuisante d'identité* », l'« *activité* » de la signifiance. Posons dès lors que l'« *activité* » du « *nom juif* » a pour enjeu de surmonter « *la dualité du signe* ». Et faisons l'hypothèse que c'est telle « *activité* », plutôt que l'identité, qui explique la longue histoire des animosités suscitées par ce nom : « juif ». Pour commencer

1. Voir *La réaction philosémite* et *L'intellectuel compulsif. (La Réaction philosémite II)*, parus chez Lignes en 2009 et 2015.
2. Dans *L'Arrogance du présent* (Grasset, 2009), Jean-Claude Milner écrit : « *Qui osera dire tout haut que le seul véritable événement du XXe siècle, c'est le retour du nom juif ? Avec son corollaire : la disparition du nom ouvrier.* [...] *Conclusion : quand on exalte le nom ouvrier, on s'engage nécessairement dans un déni ; mis à part la berceuse de la régression infantile, on ne vise qu'un seul effet, nier ce qui est pour expliquer ce qui n'est pas* » (p. 212- 213).

de le faire entendre, poursuivons notre fable. Après, nous en viendrons à l'Histoire.

★

L'oncle Victor vit normalement en Amérique. Mon oncle Victor, lui, vivait en Hongrie, à Budapest. Drôle d'histoire. Il est né en 1926 en Égypte, au Caire, d'un père venu vraisemblablement d'Italie et d'une mère venue de Russie, suite aux pogroms. Expulsé d'Égypte en 1949 du fait de son activisme politique – c'était un communiste –, Victor, apatride, a été débarqué en Italie, d'où il a aussitôt gagné Israël, où il a poursuivi ses activités militantes. Il y rencontra Eva, une Hongroise, également communiste. Après dix années passées en Israël, ils sont partis vivre en France, puis finalement en Hongrie. L'oncle Victor vivait donc en Hongrie. Il est mort en 2014, cinq ans après la mort d'Eva. Ils n'eurent pas d'enfants. Le nom hébreu de Victor était *Haïm*, qui veut dire « vie » ou le « vivant ». Le nom de sa femme, Eva, c'est l'hébreu *Hava*, la femme d'Adam, *Eve* en français. Dans le livre de la Genèse, on lit que « *l'homme donna pour nom à sa compagne Eve, parce qu'elle fut la mère de tous les vivants* » (traduction du Rabbinat). *Hava* et *Haïm* proviennent de la même racine hébraïque : le mot hébreu *haï*, « vie ».

Victor et Eva se parlaient en hébreu, bien que vivant en Hongrie. C'était la langue de leur rencontre, de leur amour. Ce n'était ni pour lui ni pour elle une langue maternelle. Née en Hongrie, où elle a grandi, la langue maternelle d'Eva était le hongrois. Puis elle est partie vivre en Israël, dans la fleur de la jeunesse. Il lui était difficile de se sentir hongroise après la guerre. Elle ne parvint pas non plus à se sentir israélienne. Elle retourna finalement vivre en Hongrie, où elle continua de parler hébreu, avec Victor, dans l'intimité. Victor avait pourtant appris le hongrois. Il était doué pour les langues. Il parlait couramment le français, l'anglais, l'arabe, l'hébreu, le hongrois et avait des rudiments d'autres langues. C'était un polyglotte, mais d'une sorte très particulière car ces langues, il les parlait *toutes* avec un accent. Je me souviens d'un acteur de théâtre, de quelque pays d'Europe centrale, citant un proverbe de son pays d'origine qui disait que l'accent, c'est tout ce qu'il reste à un exilé. Un Américain, un Russe ou un Chinois exilé en France garde quelque chose de son pays d'origine, à savoir son accent. C'est le signe de sa langue maternelle, laquelle il parle sans accent. Victor, lui, parlait toujours avec un accent indéfinissable, qu'il parlât le français, l'anglais, l'arabe, l'hébreu ou le hongrois. C'était le signe d'une irrémissible étrangeté. Victor était juif, en ce sens-là. Méditant l'expérience matricielle du prophète Jona, Henri Meschonnic écrit :

> Si un signifiant a besoin d'un sujet pour être une énonciation – sans quoi il n'est plus qu'un énoncé –, de même, il n'y a de sujet, sujet de l'énonciation, sujet linguistique et anthropologique, que si ce sujet a un signifiant. Ou plutôt s'il est dans son signifiant. Maternel non nécessairement parce qu'on y est né. Maternel parce qu'on est dedans. Toujours. Dans la matrice de la vie comme Jona dans la matrice de la mort, qui était en réalité celle de sa vie. Aussi peut-on accéder à une langue maternelle. Et ne fait-on même qu'indéfiniment y accéder. Toujours commençant. Autrement que par la mère et la petite enfance, bien que ce soit la manière massive[1].

L'idéologie dominante dans l'État d'Israël est aujourd'hui une forme particulière de sionisme, celle qui s'est imposée historiquement, fondée sur un axiome politique nationaliste : *le primat de la nation juive*. J'ai vécu plusieurs années en Israël, où j'ai étudié la Bible et le Talmud. À l'extérieur, dans ce qui tient lieu d'idéologie dominante, je constatais le primat de la nation juive ; à l'intérieur, c'est-à-dire dans l'intensité de l'étude, je comprenais que le sens du mot *goy*, dans les textes fondateurs, ce n'est rien d'autre que cela : le primat

1. H. Meschonnic, *Jona et le signifiant errant*, Paris, Gallimard, 1981.

de la nation. Il suffit d'ailleurs de traduire le mot *goy*, qui signifie « nation », pour commencer de s'en apercevoir. Il y a donc principalement deux sens au nom « juif » : un sens national et un sens étranger. Comme il y a principalement deux lectures de la Bible : l'une est fondée sur un axiome nationaliste, l'autre sur un axiome d'étrangeté. C'est une ligne de clivage essentielle.

⋆

C'est à Budapest que se trouve la plus grande synagogue d'Europe. Elle a été construite en 1859 par l'architecte viennois Ludwig Förster, un catholique. La bourgeoisie juive de Budapest souhaitait faire bonne figure. Elle voulait que son lieu de culte ressemble à une église, qu'elle en ait la magnificence. On peut aujourd'hui visiter la synagogue pour la modique somme de 3400 forints, soit environ dix euros. Le style architectural est mauresque, c'est la touche orientale de l'édifice. Mais le dispositif est catholique, ou plus exactement basilical. Ainsi la *tevah*, la table de lecture de la Torah, n'est pas au centre, au milieu des fidèles, comme il se doit, mais en face, à l'emplacement de l'autel dans une basilique, où le prêtre officie.

Il y a deux types de lieu dans le judaïsme : le lieu d'étude, *beth ha-midrash*, et le lieu de prière, *beth ha-knesset*. Dans le lieu d'étude on étudie, dans le lieu de prière on prie. C'est l'activité qui crée le lieu. Il suffit que dix juifs se réunissent dans une pièce pour étudier, et c'est un *beth ha-midrash* ; pour prier, et c'est un *beth ha-knesset*. Mais pour qu'un lieu devienne irréversiblement consacré à la prière, il faut d'autres conditions, notamment que s'y trouve un rouleau de la Torah, un *sefer torah*, car lors de la prière, il y a trois fois par semaine la lecture publique d'un passage du Pentateuque, sur rouleau, de sorte qu'au terme d'une année les cinq livres de Moïse aient été distinctement audibles pour tous, et que le rouleau ait été intégralement déroulé. Lors de la lecture, on sort la Torah de l'arche, qui se trouve en face des fidèles, et on l'apporte sur la *tevah*, la table de lecture qui se trouve au milieu des fidèles. Et on appelle à la Torah, c'est-à-dire que quelqu'un vient y lire. La lecture est faite selon les règles savamment codifiées de la cantillation. On chante la Torah. Consacrant une étude à « Deux poèmes de Hölderlin », Walter Benjamin écrit :

> C'est comme signe et écriture de l'extension infinie de son destin qu'existe le peuple. On le verra plus loin, ce destin même est le chant. C'est ainsi au peuple, comme symbole du chant, qu'il revient de réaliser le cosmos de Hölderlin[1].

Est-ce dans le « *peuple, comme symbole du chant* », que se rencontrent Heidegger et Benjamin ? On peut le penser. Mais on peut penser aussi que prévaut chez l'un l'axiome nationaliste, chez l'autre celui d'étrangeté. Il est par ailleurs un autre clivage, inscrit dans le dispositif cultuel. Dans la grande synagogue de Budapest, on lit donc la Torah face aux fidèles, depuis le lieu où, dans une basilique, le prêtre officie. C'est également le cas dans la grande synagogue de la Victoire à Paris. Le dispositif basilical s'est imposé dans les lieux de culte de la bourgeoisie juive d'Europe. L'embourgeoisement du culte juif, cela se repère en effet au lieu d'emplacement de la *tevah*, la table de lecture : si vous la placez au milieu des fidèles, la parole provient du peuple ; si en revanche vous la placez face aux fidèles, là où le prêtre, dans une basilique, officie, alors la parole ne provient pas du peuple, elle le domine. Et soudain le paragraphe 53 de la *Société du spectacle* vous revient en mémoire :

1. W. Benjamin, « Deux poèmes de Hölderlin », in *Œuvres I*, trad. M. de Gandillac, R. Rochlitz, P. Rusch, Gallimard, 2000, p. 109.

> La conscience du désir et le désir de la conscience sont identiquement ce projet qui, sous sa forme négative, veut l'abolition des classes, c'est-à-dire la possession directe des travailleurs sur tous les moments de leur activité. Son *contraire* est la société du spectacle, où la marchandise se contemple elle-même dans un monde qu'elle a créé.

Visitant la grande synagogue de Budapest, commande de la bourgeoisie juive à l'architecte catholique Ludwig Förster, je me demandais s'il n'y avait pas un dispositif révolutionnaire d'inspiration juive et un dispositif contre-révolutionnaire d'inspiration catholique. Les effets contre-révolutionnaires de l'influence catholique sur le dispositif cultuel juif étaient en l'occurrence manifestes. Il serait toutefois illusoire de concevoir les choses en ces termes : catholicisme *versus* judaïsme. L'évolution du dispositif cultuel n'était pas due à l'influence catholique sur le judaïsme, mais à la reprise en main bourgeoise du culte juif. C'est l'évidence même : il y a la Torah des « ouvriers » et celle des « bourgeois », comme il y a l'Évangile des « ouvriers » et celui des « bourgeois », comme il y a le Coran des « ouvriers » et celui des « bourgeois », et ainsi en va-t-il sans doute dans l'hindouisme, le bouddhisme, etc. C'est l'autre ligne de clivage essentielle : « ouvriers » *versus* « bourgeois ».

On dit que l'antagonisme est tombé en désuétude, qu'il n'y aurait plus là de contradiction principale, que les mots eux-mêmes seraient désuets, caricaturaux, ridicules : « ouvriers » et « bourgeois » signaleraient l'impuissance grotesque d'une pensée. Je maintiens pourtant, et je précise : j'entends par « bourgeois » un mouvement qui, partant des bourgs, vient occuper la place du centre, parce qu'elle est surélevée, hégémonique, dominante, parce qu'elle est la place du commandement. J'entends par « ouvrier » ce qui n'est pas concevable en termes de place, mais d'œuvre. Les bourgeois se placent, les ouvriers œuvrent.

⋆

À quelques minutes à pied de la grande synagogue de Budapest, il y a la basilique de saint Stephan. C'est une vraie basilique, vraiment grande, vraiment magnifique. La visite est gratuite, si ce n'est qu'on vous invite à déposer 200 Forints dans une boîte à l'entrée, soit une soixantaine de centimes d'euros. Les catholiques n'ont pas le sens des affaires. La basilique abrite, dans une chapelle adjacente, une relique : la main de quelque héros national canonisé, si mes souvenirs sont bons, aux alentours du xe siècle. Mais l'essentiel n'est pas là. Il est dans la soudaine illumination que produisit en moi la vision du Christ crucifié : il est placé où, dans une synagogue, se trouve l'arche abritant la Torah. Aux cinq livres de Moïse, les catholiques ont substitué la statue d'un homme crucifié. C'est du moins ce que je voyais. Je pensai alors à Freud, à son homme Moïse. Il usait du même procédé, la mystique de l'image en moins : substituer un cadavre à un dispositif littéral. Je pensai également à Paul : « *La lettre tue, l'esprit vivifie.* » Le pauvre homme, s'il avait su : en guise d'esprit vivifiant, la statue d'un homme en croix. Je quittais les lieux.

Revenu dans l'appartement de l'oncle Victor, j'ouvris le premier livre de sa trilogie autobiographique : *Aller sans retour. L'histoire d'un communiste juif égyptien*, et je commençai de lire :

> Des décades se sont écoulées depuis ce jour où, menotté, j'ai été mis sur un navire partant pour l'Italie. Pour tout document, j'avais une feuille de route comportant quelques renseignements, entre autres mes dates et lieu de naissance, prénom et nom de famille, document valable pour un voyage « sans retour »[1].

---

1. *Aller sans retour. L'histoire d'un communiste juif égyptien*, préface d'Alain Gresh, Paris, éditions L'Harmattan, 2009, p. 17. Dans une même veine, lire *Un Sémite* de Denis Guénoun, Circé, 2002.

Suit l'histoire de son enfance en Égypte, puis de son engagement communiste pour la cause du peuple opprimé, enfin de son arrestation et de son expulsion en 1949, avec d'autres camarades, et aussi un frère et une sœur, communistes comme lui. Le second tome, *Mes années en Israël*[1], relate son existence dans ce pays, où il milita pour une entente judéo-arabe sur la base d'une révolution prolétarienne. Le troisième et dernier tome, *Ma Vie en Hongrie. Le récit d'un éternel exilé*[2], relate son arrivée en Hongrie, le pays d'origine de sa femme Eva, et la confrontation d'un militant communiste avec la réalité du socialisme étatique. Après la mort d'Eva, Victor resta seul en Hongrie. Il avait alors plus de quatre-vingts ans. Un jour, il vit une voisine de l'immeuble qui montait péniblement ses courses. Victor avait gardé sa prestance, il s'empressa de l'aider, elle tomba amoureuse. Victor était veuf, Ida était veuve. Ils furent amants. Victor eut un jour l'idée de l'emmener en Égypte, son pays d'origine. Il n'y était jamais retourné depuis qu'on l'en avait chassé, en 1949. Ce serait une sorte de voyage de noces pour elle, et de retrouvailles pour lui. Il prit des billets, réserva un hôtel, et ils s'envolèrent. Mais le voyage tourna court. À la douane, on refoula Victor : il était interdit de séjour en Égypte. On le fit asseoir sur une chaise durant toute une nuit, jusqu'au prochain vol pour Budapest. Ida, solide Hongroise d'origine prussienne, découvrait qui était Victor, juif, communiste, apatride, et pour finir hongrois d'adoption. Mais il était galant, et c'est tout ce qui comptait pour elle. Ida avait les manières d'un officier de garnison prussien, sauf avec Victor, qu'elle aima tendrement jusqu'à ce qu'il s'en aille rejoindre Eva… Je repris le livre et relus ces quelques mots, songeant à Ulysse, à Abraham, à Joyce : « *dates et lieu de naissance, prénom et nom de famille, document valable pour un voyage "sans retour"* ». Et soudain les lettres s'envolèrent,

---

1. L'Harmattan, 2010.
2. L'Harmattan, 2014.

latines, grecques, cyrilliques, hébraïques, arabes, chinoises, mayas, et les accents s'entremêlèrent. Puis vinrent le tonnerre et la foudre, et le vacarme, enfin une voix de fin silence… C'est alors qu'apparut l'oncle Victor. Il lisait un livre en allemand : *Dialogue d'exilés* de Bertold Brecht. Je prêtai l'oreille :

> – Le passeport est la partie la plus noble de l'homme. D'ailleurs, un passeport ne se fabrique pas aussi simplement qu'un homme. On peut faire un homme n'importe où, le plus étourdiment du monde et sans motif raisonnable ; un passeport, jamais. Aussi reconnaît-on la valeur d'un bon passeport, tandis que la valeur d'un homme, si grande qu'elle soit, n'est pas forcément reconnue. – Disons que l'homme n'est que le véhicule matériel du passeport[1].

Bien qu'ignorant l'allemand, je crus en comprendre le sens : devant l'homme, activité du signifiant, se dresse le gardien de la loi, dualité du signe. Le gardien tient l'homme en respect, sa vie durant, puis au jour de sa mort il lui chuchotera à l'oreille : « *L'homme n'est que le véhicule matériel du passeport.* » Je rangeai le livre brûlé dans son coffre de cendre et pris le premier train pour Prague, où m'attendait Joseph K. On l'avait sûrement calomnié. Deux pingouins étaient venus l'arrêter de bon matin, au pied du lit sur lequel il avait coutume de se prosterner. J'étudiai le cas, et lui remis mon rapport. Il glissa le bras entre les barreaux, me serra chaleureusement la main, et dit : « *Va vers Aleph et Youd et va plus loin.* »

★

La femme des douanes eut un sourire étrange ; elle demanda : « *Vaut-elle son pesant d'or ?* » Je pensai : « *Pas moins d'un triple 9, plus un pourboire* ». Elle me fit signe de passer.

---

1. B. Brecht, *Dialogue d'exilés*, trad. G. Badia et J. Baudrillard, Paris, L'Arche, 1972.

Je franchis le portillon et m'engageai dans le long couloir du matérialisme historique, où un coureur de fond me dépassa à grandes enjambées. Des policiers égyptiens le poursuivaient, montés sur de petits chevaux blancs, un étendard à la main. Hélas, sortirai-je jamais victorieux de ce combat ? Ayant quitté l'aéroport Ben Gourion, je grimpai finalement sur un âne. Un vieil arabe au teint halé par la neige me passa la main sur les cheveux. Je lui demandai son nom. – *Salam.* Traduis-le-moi en hébreu. – *Le-Haïm.* Me revint alors en mémoire la fin d'un poème allemand : « *Wo der Tisch steht mit / dem Licht und dem Licht.* »

I

« *On avait sûrement calomnié Joseph K. ...* »

Franz Kafka, *Le Procès*

L'animosité à l'endroit de ce que, par commodité, on appellera le nom juif, paraît se décliner selon trois modes : l'antijudaïsme, l'antisémitisme, l'antisionisme. Qu'est-ce donc que le nom juif, ainsi capable, de par le monde et les siècles, d'affecter tant d'hommes et de femmes bien que, souvent, ils n'aient d'autre relation avec ce nom que par ouï-dire ? Disons que ce qui nourrit leur affect relève de déterminations principalement idéologiques, plutôt que matérielles.

À suivre la tradition juive, il semble que le nom juif comporte trois dimensions : la « Torah d'Israël », le « peuple d'Israël » et la « terre d'Israël ». Par « Torah d'Israël », on entend communément la loi mosaïque, ensemble de prescriptions qui régit plus ou moins l'existence du « juif » ; par « peuple d'Israël », on entend l'ensemble des hommes et des femmes qui sont dits « juifs », d'après un critère généalogique, culturel ou religieux ; par « terre d'Israël » enfin, on entend la terre promise aux enfants d'Israël dans la Bible, c'est-à-dire la terre de Canaan, dite aussi « Palestine » – du nom que les envahisseurs grecs puis romains donnèrent à l'antique Judée, en référence aux « philistins », ennemis attitrés des juifs. L'historien Martin Goodman rapporte à ce sujet le témoignage d'Eusèbe :

> Écrivant au IVe siècle, Eusèbe cite un certain Ariston de Pella qui rapporte que « Hadrien ordonna par décret officiel et ordonnances que toute la nation soit à tout prix empêchée de pénétrer même la région de Jérusalem, si bien que nul

> ne pouvait apercevoir la terre de ses ancêtres, même de loin ». Eusèbe ajoute : « La ville de Jérusalem ayant été ainsi désolée et ses enfants exterminés, elle fut remplie d'étrangers. » Le nom de Jérusalem avait déjà cessé d'être utilisé officiellement en 130. Désormais, la province tout entière cessait de s'appeler Judée pour prendre le nom de Syria Palestina, reprenant l'ancienne dénomination grecque qui faisait référence non pas aux Juifs mais à leurs anciens ennemis, les Philistins[1].

Le nom juif renverrait donc principalement à la conjonction d'une loi particulière, d'un peuple particulier et d'une terre particulière. De fait, les nations, *goyim* en hébreu, ne s'organisent pas autrement : une loi, un peuple, une terre. C'est la norme commune. Et pourtant, à la « Torah d'Israël » semble correspondre l'antijudaïsme ; au « peuple d'Israël », l'antisémitisme ; à la « terre d'Israël », l'antisionisme. Qu'est-ce donc qui rend raison de l'animosité de tant d'hommes et de femmes de par le monde et les siècles, dès lors que le nom juif ne paraît pas s'excepter de la norme commune, mais au contraire la vérifier ?

Il existe une explication théologique : « l'élection d'Israël ». Si la conjonction d'une loi, d'un peuple et d'une terre constitue la norme commune, le nom juif s'en excepterait toutefois du fait que, dans son cas particulier, telle conjonction n'est pas le produit de l'histoire mais d'une « élection », le dieu créateur du ciel et de la terre ayant séparé des nations un peuple particulier, afin de lui octroyer une terre particulière, où appliquer ses commandements particuliers. La conjonction d'une loi, d'un peuple et d'une terre ne relèverait pas alors d'une norme commune, humaine, trop humaine, mais divine. Et cette exceptionnalité susciterait l'animosité des nations. Le Talmud (traité Sabbat 89a) l'apprendrait sur

---

1. M. Goodman, *Rome et Jérusalem. Le choc de deux civilisations*, 2007, trad. fr., Paris, Perrin, 2009, p. 641-642.

la base d'une étymologie, vraisemblablement fantaisiste, du nom « Sinaï », où s'entend l'hébreu « *sinah* », qui signifie « haine » : la Torah donnée au mont Sinaï aurait engendré la haine des nations pour le nom juif.

On peut certes écarter d'un revers de main l'explication théologique. Il n'est pourtant pas inintéressant de s'y arrêter un instant, d'autant que Freud ne craint pas d'y recourir en 1938 dans son *Moïse* : « *J'ose affirmer qu'aujourd'hui encore la jalousie à l'égard du peuple qui se donna pour l'enfant premier-né, favori de Dieu le Père, n'est pas surmontée chez les autres, comme s'ils avaient ajouté foi à cette prétention.*[1] » À y regarder de près, l'explication est donc paradoxale : si la conjonction d'une loi, d'un peuple et d'une terre est la norme commune, pourquoi dans le cas des juifs cela devrait-il susciter l'animosité des « nations » ? Arguer du caractère divin de la chose n'est guère probant, non seulement parce qu'il faut y ajouter foi, comme l'observe Freud, mais aussi, et surtout, parce que bien des mythes nationaux supposent explicitement ou implicitement quelque « élection ». Ainsi Moïse recevant les Tables de la loi est une représentation largement conventionnelle à l'époque de la rédaction de la Torah. Chaque cité, chaque royaume du Proche-Orient antique est « élu » par quelque divinité tutélaire, comme l'attestent les premières traces écrites d'une conjonction entre loi, peuple et terre. Joseph Modrzejewski ne manque pas de le souligner :

> Le don de la Tora reproduit l'image fixée par l'idéologie politique des monocraties orientales selon laquelle le véritable auteur des lois imposées à un peuple n'est pas le souverain qui les proclame mais la divinité qui les donne. Le premier législateur du monde connu de l'histoire, Ur-Nammu, a reçu ses lois du dieu-lune Nanna, divinité tutélaire de la ville d'Ur en Mésopotamie. Sur la stèle trouvée à Suse au début

---

1. S. Freud, *L'homme Moïse et la religion monothéiste*, trad. C. Heim, Paris, Gallimard, coll. « Folio », 1993, p. 184.

du XXe siècle et conservée au Louvre, le roi Hammourabi écoute debout les lois que lui dicte le dieu-soleil Shamash, seigneur de justice[1].

Tant de mythes fondateurs reproduisent une trame semblable, depuis les sociétés dites primitives affublant du nom « homme » leur tribu particulière au détriment des autres tribus, jusqu'aux récits édifiants des histoires nationales. Quelle est donc l'exceptionnalité du nom juif en la matière ? À cette antique question, Tacite a donné une réponse célèbre : « *Moïse, pour s'assurer à jamais l'empire de cette nation, lui donna des rites nouveaux et opposés à ceux du reste des mortels. Là est profane tout ce qui chez nous est sacré, légitime tout ce que nous tenons pour abominable*[2]. » De l'explication de l'historien romain, datant du Ier siècle de l'ère commune, Jean-Claude Milner a proposé au XXIe siècle un commentaire remarquable :

> Cela se résume ainsi : par leurs rites et leurs coutumes, les Juifs empêchent qu'on puisse traiter, de manière consistante, de *tous* les hommes. Ils rendent impossible l'emploi de l'opérateur *tout*, quand il s'agit des êtres humains. Alors qu'ils vivent au cœur de l'*oikouméné*, ils fragmentent l'humanité. Tant qu'ils survivent – et Tacite n'appelle aucunement à leur destruction –, *les hommes* est une expression mal formée ; à la lettre, les hommes n'existent pas. […] À moins que pour sauver l'opérateur *tout*, on ne mette les Juifs en exception[3].

Le nom juif susciterait l'animosité parce qu'il empêche l'emploi de l'opérateur *tout*. Cela, Milner le déchiffre dès le

---

1. J. Modrzejewski, *Un Peuple de philosophes. Aux origines de la condition juive*, Paris, Fayard, 2011, p. 194
2. *Histoires*, V. 4-5, trad. Burnouf.
3. J.-C. Milner, *L'Universel en éclats. Court traité politique, 3*, Verdier, 2014, p. 117-118.

texte de Tacite : le nom juif empêche que *les hommes* soit une expression bien formée. Cependant « *Tacite n'appelle aucunement à leur destruction* », note Milner, avant de poursuivre :

> Tacite, sans le savoir, s'appuyait sur un axiome qu'il appartenait à un théologien chrétien de mettre au jour. En 434, alors que l'empire romain d'Occident menaçait ruine, Vincent de Lérins, écrivant sous le pseudonyme de Peregrinus, affirma : la vérité se définit par un triple, *Quod semper, quod ubique, quod ab omnibus*, « toujours, partout, par tous ». Le trône souverain de la vérité est un tripode. N'ayant pas besoin de connaître un axiome pour en dépendre, Tacite énonce un théorème, qui a longtemps réglé, dans l'espace européen, les transformations géométriques des discours : *dans un espace discursif où le tout est censé donner accès au lieu des solutions vraies, le nom juif dit que non à toute solution.* On peut l'exprimer autrement : *dans un espace discursif où vaut l'axiome de Peregrinus, le nom juif dit que non à l'axiome*. Or, cet espace déborde largement l'Europe et le lac atlantique. Le monde musulman semble bien admettre l'axiome de Peregrinus[1].

Milner en conclut que l'axiome de Peregrinus « *adresse une demande à l'humanité* », et il observe : « *De toujours, l'humanité a répondu favorablement.* » En revanche, poursuit Milner : « *Toujours, partout, à tous ceux qui formulent la demande, le nom juif la refuse ; en cela consiste un des éclats de l'universalité juive.*[2] » Puis il cite Pétrarque : « *Qu'est-ce donc que toute l'histoire sinon*

---

1. *Ibid.*, p. 118-119.
2. *Ibid.*, p. 119. Voici le texte complet : « *L'axiome de Peregrinus postule une certaine forme d'universel et il est lui-même universel, au sens qu'il définit. En mentionnant le tous, il adresse une demande à l'humanité : que toujours et partout, elle s'accomplisse comme tous ; que toujours, partout et par tous, elle reconnaisse la vérité dans la forme du triple ; que toujours, partout et par tous, elle rende hommage au tripode. De toujours, l'humanité a répondu favorablement à la demande. Toujours, partout, à tous ceux qui formulent la demande, le nom juif la refuse ; en cela consiste un des éclats de l'universalité juive.* »

un éloge de Rome ? » ; ce qu'il propose d'interpréter ainsi : « *Qu'est-ce que l'histoire quand elle s'ordonne du tout, sinon un éloge de Rome ?* » ; d'où il conclut : « *dans la mesure exacte où l'histoire est un éloge des noms du tout, elle est un blâme constant à l'encontre du nom juif*[1]. » Est à présent mise au jour la raison de l'affect : l'axiome de Peregrinus valant dans le monde chrétien et musulman, et le nom juif disant que non à l'axiome, s'ensuit que ce nom appelle le blâme et, au-delà, suscite l'animosité des hommes et des femmes qui vivent, agissent et parlent sous condition de cet axiome.

Milner intitule ses réflexions sur le nom juif : « *Lacan le juif* », parce que Lacan est « *le premier à avoir soutenu explicitement que l'opérateur tout était marqué d'une équivoque*[2] », comme il est le premier à avoir soutenu que la vérité *ne se dit pas toute*. L'éclat juif de la vérité, ou son « *séisme* » dirait Lacan[3], tel serait donc la raison de l'affect anti-juif, quelque forme qu'il prenne selon les lieux et les temps : antijudaïsme, antisémitisme, antisionisme. L'explication théologique est à présent rationalisée, sous le chef non plus de *Moïse l'Égyptien*, mais de *Lacan le juif*.

⋆

La doctrine de Milner ne manque pas de séduire, expliquant bien des choses en peu de mots, et avec l'éclat d'une puissance singulière puisque « *puissante quant au pas tout*[4] ». Le problème est qu'à revenir aux mots de Tacite, l'exceptionnalité du nom juif est peu apparente : « *Moïse, pour s'assurer à jamais l'empire de cette nation, lui donna des rites nouveaux etc.* »

---

1. *Ibid.*, p. 119.
2. *Ibid.*, p. 116.
3. Voir J. Lacan, « Radiophonie » in *Autres écrits*, Paris, Seuil, 2001, p. 428.
4. J.-C. Milner, *L'Universel en éclats*, *op. cit.*, p. 115.

C'est des juifs qu'il est alors question. Mais dans les *Annales*, XV, 44, Tacite fait cette fois mention des chrétiens qui, en 64 après J.-C., furent accusés par Néron d'avoir incendié Rome et furent persécutés. Il expose les faits en quelques mots, non sans préciser d'abord à son lecteur qui sont les « chrétiens » :

> Ce nom leur vient de Christ, qui, sous Tibère, fut livré au supplice par le procurateur Pontius Pilatus. Réprimée sur le moment, cette exécrable superstition (*exitiabilis superstitio*) perçait de nouveau, non seulement dans la Judée, berceau du mal, mais à Rome même, où tout ce qu'il y a partout d'infamies et d'horreurs afflue et trouve des partisans. On commença donc par saisir ceux qui confessaient leur foi, puis, sur leurs révélations, une infinité d'autres, qui furent bien moins convaincus d'incendie que de haine pour le genre humain (*odio humani generis*). On fit de leurs supplices un divertissement : [...]. Aussi, quoique ces hommes fussent coupables (*sontes*) et eussent mérité les dernières rigueurs, les cœurs s'ouvraient à la compassion, en pensant que ce n'était pas pour le bien public, mais à la cruauté d'un seul, qu'ils étaient immolés[1].

Tacite n'entend nullement compatir aux souffrances des chrétiens, effectivement « *coupables* » d'introduire dans Rome une « *exécrable superstition* ». Si les persécutions lui paraissent pourtant dommageables, c'est parce que, n'étant pas motivées par le souci du « *bien public* » mais arbitraires, elles tendent à émouvoir le cœur des citoyens romains et donc à susciter chez eux une regrettable compassion pour les chrétiens. Regrettable, puisque ces derniers sont à juste titre « *convaincus de haine pour le genre humain* ». Seul importe en effet à Tacite la force d'âme du citoyen romain, or Néron l'affaiblit par une cruauté fantaisiste. La persécution des chrétiens, si elle était menée avec sagesse, appellerait en

1. Tacite, *Annales*, XV, 44, (trad. de Burnouf révisée par H. Bornecque), Paris, Garnier, 1965, réédition GF, p. 439-440.

revanche un éloge. Car nom juif et nom chrétien, sous la plume de Tacite, ne se distinguent en rien : « *Là est profane tout ce qui chez nous est sacré, légitime tout ce que nous tenons pour abominable.* » Et il est patent qu'au-delà du cas particulier des juifs et des chrétiens, ce sont les mœurs des barbares que Tacite a en ligne de mire, du moins lorsqu'elles trouvent à s'implanter « *à Rome même, où tout ce qu'il y a partout d'infamies et d'horreurs afflue et trouve des partisans* ». C'est donc d'une distinction entre « Romains » et « barbares » qu'il s'agirait plutôt que de l'axiome de Peregrinus, fût-il insu sous la plume de Tacite. Dans un ouvrage consacré aux étrangers dans l'Empire romain, Alessandro Barbero explique pourquoi l'usage du terme *peregrini* – désignant des populations étrangères vivant sur le territoire romain – persiste après l'édit de Caracalla de 212, qui pourtant concédait la citoyenneté romaine à tous les habitants de l'Empire :

> Dans une acception technique, ce terme [*peregrini*] désignait, pour les juristes romains, les habitants des provinces qui ne jouissaient pas de la citoyenneté romaine mais uniquement de la citoyenneté locale, une catégorie de personnes qui ne pouvait évidemment plus exister après l'édit de Caracalla. Il suffit pourtant de ne pas s'en tenir au terme juridique *stricto sensu* et d'avoir à l'esprit l'acception primitive du terme *peregrinus*, qui signifie, en substance « étranger », pour écarter cette contradiction. À partir de 212, tous ceux qui jouissaient d'une citoyenneté locale dans l'Empire ne pouvaient plus être considérés comme étrangers, mais tous étaient, au même titre, Romains ; c'est ce dont se réjouissent un saint Augustin ou un Sidoine Apollinaire, ce dernier ne manquant pas de répéter que les barbares demeurent, bien entendu, étrangers. Dans l'Antiquité tardive, les termes « Romain » et « barbare » tendent à se polariser en fonction de critères géographiques, désignant respectivement les habitants de l'Empire et les peuples de l'extérieur ; mais, lorsque des groupes de barbares, peu ou pas romanisés, recevaient l'autorisation d'entrer dans l'Empire, ils n'en devenaient pas nécessairement citoyens.

> L'empereur avait la possibilité de leur accorder la citoyenneté, et il est très probable qu'avec le temps eut lieu une assimilation tacite, mais sans cela, ils demeuraient des étrangers, des *peregrini*. Encore une fois, la situation commune à tous les pays occidentaux d'aujourd'hui vis-à-vis des immigrés nous permet de mieux comprendre des situations de ce type, pour lesquelles le système juridique est toujours en retard par rapport à la réalité des faits, et entre la simple résidence – quand bien même serait-elle totalement légale – et la citoyenneté, il existe bien souvent un abîme[1].

Tacite (58-120 après J.-C.) écrit un siècle avant l'édit de Caracalla, à une époque où la différence entre la simple résidence des barbares ayant afflué « *à Rome même* » et la citoyenneté est manifestement de l'ordre de l'abîme, comme en témoignent la persécution des chrétiens par Néron et le jugement de l'historien : « *quoique ces hommes fussent coupables et eussent mérité les dernières rigueurs* ». L'axiome de Vincent de Lérins, écrivant sous le pseudonyme de Peregrinus, « l'étranger », ne saurait valoir que bien plus tard, précisément aux alentours du ve siècle, soit un siècle après la conversion au christianisme de l'empereur Constantin. À s'en tenir aux écrits de Tacite, l'antijudaïsme est donc bien un cas particulier de préjugé xénophobe à l'encontre des barbares. Et il conviendrait en conséquence de corriger le commentaire de Milner, car cela ne se résume pas ainsi, mais ainsi : par leurs rites et leurs coutumes, *les étrangers (peregrini)* empêchent qu'on puisse traiter, de manière consistante, de tous les citoyens romains. Ils rendent impossible l'emploi de l'opérateur *tout*, quand il s'agit des citoyens romains. Alors qu'ils vivent au cœur de Rome, ils fragmentent la citoyenneté. Tant qu'ils survivent – et Tacite n'appelle aucunement à leur

1. A. Barbero, *Barbares. Immigrés, réfugiés et déportés dans l'Empire romain*, trad. de P.-C. Buffaria, Paris, Tallandier, coll. « Texto », 2009 et 2011, p. 65.

destruction –, *les citoyens* est une expression mal formée ; à la lettre, les citoyens n'existent pas. À moins que pour sauver l'opérateur *tout*, on ne mette *les étrangers (peregrini)* en exception, « *à Rome même* ».

Plutôt que Tacite ne s'appuyait donc, « *sans le savoir* », sur un axiome bientôt chrétien, il véhiculait une vision du monde construite sur la dichotomie entre Romains et barbares, et s'il admettait volontiers que les barbares suivent leurs exécrables superstitions dans leurs lointaines contrées, cela le hérissait « *à Rome même* », où il ne souhaitait pas voir affluer « *ce qu'il y a partout d'infamie et d'horreur* ». À suivre Arnaldo Momigliano, la seule singularité des juifs au regard des autres barbares était leur statut de « *nouveaux venus* » auprès des ethnographes de l'antiquité grecque et latine :

> Ainsi, cette curiosité et cet intérêt nouveaux ne s'adressaient pas spécialement aux Juifs. Mais les autres Barbares – Égyptiens, Perses, Babyloniens et même Indiens – avaient été connus des Grecs depuis des siècles ; on disposait d'informations bien plus anciennes, qu'il fallait maintenant réévaluer et mettre à jour. Les juifs étaient les nouveaux venus. On avait tout à apprendre à leur sujet[1].

Pour qu'entre en scène l'axiome de Peregrinus, auquel le nom juif *seul* ferait obstacle, il faut passer d'un paradigme à un autre, précisément du paradigme antique au paradigme chrétien. Autrement dit, il faut la rupture chrétienne, sa modernité, que Hegel ressaisit en ces termes : « *Ce n'est que dans le principe chrétien qu'essentiellement l'esprit personnel individuel acquiert une valeur infinie, absolue ; Dieu veut aider au salut de tous les hommes*[2]. » C'est alors que le nom juif, *seul*, dirait

---

1. A. Momigliano, *Sagesses barbares*, 1976, trad. M-C. Roussel, Paris, Maspero, 1979, rééd. Gallimard, coll. « Folio », p. 96.
2. Hegel, *Leçons sur l'histoire de la philosophie*, trad. de J. Gibelin, Paris, Gallimard, 1954, rééd. coll. « Folio/Essais », p. 168, note 1.

non à l'axiome. On pourrait sans doute retenir la date de 380, lorsqu'un édit de Théodose Ier exige que tous les habitants de l'Empire adhèrent publiquement à la foi chrétienne. C'est ce à quoi les juifs, singulièrement, diraient non. Et depuis lors, dans un espace discursif où vaut l'édit de Théodose, le nom juif dit que non à l'édit. Joseph Modrzejewski paraît toutefois donner raison à Milner lorsqu'il repère une continuité structurelle entre l'antijudaïsme païen et l'antijudaïsme chrétien. Au terme d'une description érudite des premiers développements d'une « *mythologie antijuive* » dans l'antiquité, il conclut en effet que l'un « *ébauche* » l'autre :

> Ce que les Grecs, puis les Romains, reprochent aux Juifs, c'est en premier lieu leur « séparatisme », leur « insociabilité » (*amixia*). Hécatée d'Abdère affirmait déjà vers 300 avant notre ère que Moïse avait institué « un mode de vie contraire à l'humanité et à l'hospitalité ». [...] Les Juifs prétendent partager avec les Grecs les bénéfices de ce système de valeurs, mais en rejettent une partie importante qui n'est pas conciliable avec les principes de leur religion. Autrement dit, ils veulent être à la fois « citoyens » et « différents ». Situation qui leur paraît naturelle, mais qui n'est pas acceptable du point de vue païen. Un deuxième chef d'accusation concerne « l'athéisme » des Juifs. [...] Évidemment, le vrai sens de cette accusation, c'est le refus juif des dieux des autres, qui ne sont pour eux que des idoles. L'historien Tacite, dans une page tristement célèbre consacrée aux Juifs, affirme à ce propos que la première instruction qu'on leur donne est de « mépriser les dieux », *contemnere deos*. [...] Insociabilité et athéisme se conjuguent dans un troisième grief, à connotation politique : le complot juif. [...] Ces accusations contiennent déjà les principaux outils de l'arsenal antijuif dont pourra se servir l'antijudaïsme chrétien. Il suffit de transposer. La haine (ou le mépris) des dieux païens deviendra « déicide » ; le complot œcuménique contre Rome se transformera en « un complot contre le Sauveur du genre humain », selon la formule d'Origène. De leur côté, les apologistes du judaïsme qui réfutent les accusations

> des païens, tel Flavius Josèphe dans son *Contre Apion* et, avant lui, les auteurs judéo-alexandrins ou judéo-égyptiens, comme Artapanos, préfigurent les réactions des Sages à la critique chrétienne. Le débat judéo-païen ébauche le schéma du contentieux judéo-chrétien[1].

L'antijudaïsme païen articule trois griefs : insociabilité, impiété, insoumission. Et Modrzejewski reconnaît dans la structuration de cette mythologie antijuive une ébauche de l'argumentaire chrétien contre les juifs. Et, de fait, l'édit de Théodose avait lui-même été ébauché par les obligations païennes auxquelles étaient tenues de se conformer les populations de l'Empire. Une observation de Barbero le souligne. Écartant les régions frontalières, où l'exercice du pouvoir impérial est parfois rendu difficile du fait de l'imbroglio territorial et ethnique, il explique que son étude sur les barbares dans l'Empire romain va se « *concentrer sur la plus grande partie du territoire provincial* », territoire qu'il définit ainsi :

> Là où les populations indigènes étaient assujetties à un prélèvement fiscal fixe ; où les sujets étaient tenus d'observer des obligations religieuses communes, qu'il s'agisse de sacrifier à la fortune de l'empereur ou, au contraire, comme Théodose l'imposa en 380, d'adhérer publiquement à la foi chrétienne ; où les autorités faisaient respecter les édits impériaux et le *nomen publicum* protégeait les citoyens romains ; où se trouvaient les cantonnements fixes et les sièges administratifs des régiments militaires, bien distincts des avant-postes qui, dans les régions tribales, se poussaient régulièrement au-delà du *limes*[2].

---

1. J. Modrzejewski, *Un Peuple de philosophes*, *op. cit.*, p. 346-348.
2. A. Barbero, *Barbares. Immigrés, réfugiés et déportés dans l'Empire romain*, *op. cit.*, p. 13. Auparavant, Barbero avait précisé, au sujet de l'idée d'un *limes* : « *L'idée même d'un* limes *entendu comme une barrière défensive permanente a été remise en question depuis que l'on sait que ce terme, utilisé à l'origine pour désigner les routes militaires tracées à proximité des frontières et dont l'acception s'est ensuite étendue pour désigner les*

Avant que d'être contraints d'embrasser la foi chrétienne, les habitants juifs de l'Empire étaient contraints « *de sacrifier à la fortune de l'empereur* ». Et comme cela contredisait leur foi, Tacite, par exemple, les accusait de « *mépriser les dieux* » (*contemnere deos*). On rencontre déjà sous la plume de Cicéron, en 59 avant J.-C., une hostilité apparemment prononcée à l'endroit des juifs. Il est question dans le *Pro Flaco* d'une « *superstition barbare* » et de « *cette multitude de juifs si souvent turbulente dans nos assemblées*[1] ». Cependant, comme le souligne Jean-Philippe Lévy, spécialiste du droit romain, Cicéron recourt à de telles saillies contre tous les barbares, dès lors qu'elles peuvent servir sa plaidoirie : « *les Gaulois, les Sardes, les Grecs d'Asie, les Juifs peuvent avoir les griefs les plus sérieux contre Fonteius, Scaurus et Flaccus : il suffit de rappeler leur nationalité au besoin d'un trait d'humour facile pour en venir à bout*[2]. » C'est donc la xénophobie des classes dirigeantes romaines qui aura servi d'ébauche à l'antijudaïsme chrétien.

Y a-t-il pour autant continuité d'un édit à un autre, du sacrifice pour la fortune de l'empereur à la foi chrétienne de l'État, de Tacite à Peregrinus ? Relevons une différence. Les griefs des auteurs antiques s'expriment principalement à l'encontre des juifs exilés au cœur des cités, que ce soit à Alexandrie ou à Rome. Restés attachés à leurs rites particuliers bien que vivant sous une autorité politique hétérogène à ces rites, « *ils veulent être à la fois "citoyens" et "différents"* »

---

fortifications linéaires érigées pour les protéger, acquit à la fin de l'époque impériale une dimension géographique et administrative désignant la totalité du territoire des provinces frontalières » (p. 11).

1. Cicéron. *Textes d'auteurs grecs et romains relatifs au judaïsme*, trad. Théodor Reinach, Paris, 1895, cité par Maxime Rodinson in *Peuple juif ou problème juif ?*, Paris, Maspero, 1981, rééd. La Découverte, 1997, p. 263.

2. J.-P. Lévy, « Cicéron et la preuve judiciaire », *Droits de l'antiquité et sociologie juridique, Mélanges Henri Lévy-Bruhl*, Sirey, 1959, p. 194, cité par Maxime Rodinson, *op. cit.*, p. 264.

rapporte Modrzejewski. L'argument se modifie avec la polémique chrétienne contre les juifs : on ne leur reproche pas tant de vouloir être « *citoyens* et différents » que de vouloir être « *hommes* et différents ». On peut donc convenir que « *le débat judéo-païen ébauche le schéma du contentieux judéo-chrétien* », mais à condition de préciser qu'on souhaite ainsi dégager une invariance xénophobe : dans la mesure où l'Empire chrétien non seulement succède à l'autorité politique de la Rome antique (païenne), mais la prolonge, il en reproduit certains mécanismes structurels, notamment xénophobes. Toutefois, avec l'avènement du paradigme chrétien, les juifs ne sont plus seulement des barbares, ils sont les plus étrangers des barbares, sinon les seuls d'entre les étrangers à demeurer barbares après que l'axiome de Peregrinus a commencé de valoir. Et en ce sens, le « *principe chrétien* » introduit bel et bien une discontinuité, comme y a insisté Hegel : « *Dieu veut aider au salut de tous les hommes.* » On passe alors d'un paradigme à un autre, et ce passage s'opère notamment du biais des célèbres formules de saint Paul dans l'Épître aux Éphésiens, où la loi mosaïque, parce qu'elle sépare les juifs des autres hommes, est identifiée à une « *barrière* » qui divise le genre humain :

> Rappelez-vous donc qu'autrefois, vous les païens – qui étiez tels dans la chair, vous qui étiez appelés « prépuce » par ceux qui s'appellent « circoncision », [...] d'une opération pratiquée dans la chair ! – rappelez-vous qu'en ce temps-là vous étiez sans Christ, exclus de la cité d'Israël, étrangers aux alliances de la Promesse, n'ayant ni espérance ni Dieu en ce monde ! Or voici qu'à présent, dans le Christ Jésus, vous qui jadis étiez loin, vous êtes devenus proches, grâce au sang du Christ. Car c'est lui qui est notre paix, lui qui des deux peuples n'en a fait qu'un, détruisant la barrière qui les séparait, supprimant en sa chair la haine, cette Loi des préceptes et des ordonnances, pour créer en sa personne les deux en un seul Homme Nouveau, faire la paix, et les réconcilier

> avec Dieu, tous deux en un seul Corps, par la Croix : en sa personne il a tué la Haine. (*Épître aux Ephésiens*, 2, 11-16[1])

La loi mosaïque scinde le genre humain, non plus à la manière des mœurs barbares qui affluent à Rome et affaiblissent l'âme des citoyens, mais d'une tout autre manière puisque ce qui est à présent problématique n'est pas tant un mode particulier d'existence ici-bas (« *cité d'Israël* ») que la question du salut au-delà (« *alliances de la promesse* »). Autrement dit, le conflit n'est plus principalement politique, relatif au bien public de la cité, il est principalement théologique, relatif au salut de l'âme. Est-ce à dire que Paul prête aux seuls juifs la « *haine du genre humain* » que Tacite, pour sa part, prête aux chrétiens comme aux juifs ? Tacite reproche aux barbares une « *exécrable superstition* » qui tend à troubler l'ordre public de la cité romaine et à amoindrir la force d'âme de ses citoyens, argument dont s'empare Néron après l'incendie de Rome. Paul, lui, reproche aux juifs de faire dépendre le salut de l'âme d'une « *opération pratiquée dans la chair* ». Malgré l'apparente correspondance des griefs, la discontinuité est profonde, et peut-être structurelle : tandis que Tacite a en vue la paix civile et la vertu patriotique, Paul a en vue l'universalité du genre humain. Avec Paul, le problème n'est pas que les juifs prétendent être citoyens et différents, mais qu'ils prétendent concevoir « *les alliances de la promesse* » sur la base d'une appartenance généalogique (ou de la circoncision). En un sens, l'argument de Paul renverse celui de Tacite : l'historien romain s'inquiète de la présence des juifs « *à Rome même* », l'apôtre s'en inquiète dans la « *cité d'Israël* ». Et en un autre sens, l'axiome de Peregrinus poursuit en effet celui de Tacite : la vérité réside « *à Rome même* », et non dans la « *cité d'Israël* ».

---

1. *La Bible de Jérusalem*, traduction de l'École biblique de Jérusalem, Cerf, 1996.

Que conclure ? Paul prêche l'universalité substantielle du genre humain, nouvellement avérée par Jésus, « *qui des deux peuples n'en a fait qu'un* ». Dès lors, c'est au nom du genre humain, au nom des « *alliances de la promesse* » qu'on blâme le nom juif. Le paradigme de Paul n'est plus celui de Tacite, puisque les sépare le principe chrétien, ainsi que l'explique Hegel : « *L'Athénien comme le Romain savaient que par essence ils étaient citoyens libres. Mais ni Platon ni Aristote n'ont su que l'homme est libre en soi et pour soi, conformément à la substance*[1]. » Seul le nom juif, ou principalement le nom juif, dorénavant, dit non à la « *substance* », à « *l'Homme Nouveau* ». L'argument chrétien (celui de Paul) singularise le nom juif, quand l'argument antique (celui de Tacite et de Cicéron) le rend commun aux peuples étrangers sous autorité romaine : « *les Gaulois, les Sardes, les Grecs d'Asie* », etc. Mais la structure est finalement la même : qu'il s'agisse des barbares ou des seuls juifs, il s'agit toujours d'un peuple étranger qu'après avoir soumis militairement il fallait soumettre mentalement, soit en l'obligeant de « *sacrifier à la fortune de l'empereur* », soit en l'obligeant d'embrasser la foi chrétienne. D'abord en compagnie des chrétiens, des Gaulois, des Sardes, des Grecs d'Asie, etc., puis longtemps seuls, les juifs ont en Europe composé un peuple de *peregrini*.

*

Au Moyen-Âge, l'argument théologique est dominant. Puis, avec la Renaissance, l'argument antique resurgit, mais agrémenté d'une singulière attention au nom juif. Car, entre Tacite et Spinoza, la Bible s'est érigée en Texte, et comme on sait Renaissance et protestantisme eurent partie liée. La conjonction d'une loi, d'un peuple et d'une terre étant la norme commune depuis Ur en Chaldée jusqu'à Rome, et

1. Hegel, *Leçons sur l'histoire de la philosophie*, *op. cit.*, p. 167-168.

l'opération par laquelle Moïse constitue un *imperium* ne paraissant pas y faire exception, les théoriciens de la politique aux XVIe et XVIIe siècles prirent la « République » des Hébreux pour modèle. Alliant théologie et politique, ils interprétaient la Bible au prisme de la pensée juridique romaine. Or, dans les *Institutes* de Gaius, au IIe siècle après J.-C., la norme commune, appliquée toujours, partout, par tous, est exposée en ces termes :

> Tous les peuples gouvernés par des lois et des coutumes observent en partie leur propre droit et en partie le droit commun à tous les êtres humains. La loi qu'un peuple établit pour son usage particulier lui est propre, et a pour nom *ius civile*, étant, de fait, la loi spéciale de cette *civitas* (communauté de citoyens), tandis que la loi établie auprès de tous les êtres humains par la raison naturelle se nomme *ius gentium*, désignant de ce fait la loi observée par tous les peuples. Le peuple romain observe donc en partie son propre droit et en partie le droit commun à l'humanité[1].

L'*imperium* des Hébreux fondé par Moïse répondrait à cette définition, étant composé d'un droit civil, particulier aux Hébreux, et d'un droit des gens, commun à l'humanité. C'est du moins ce qu'ont établi, dans la première moitié du XVIIe siècle, des penseurs comme John Selden, Hugo Grotius ou Petrus Cunaeus, en s'appuyant notamment sur la Codification de Maïmonide (XIIe). Hobbes et Spinoza s'inscrivent dans ce sillage, celui d'une école biblique de droit romain. Spinoza est toutefois un cas singulier, étant par ailleurs issu d'une famille de juifs portugais réfugiés à Amsterdam. Or, soulignant la surprenante capacité des juifs à maintenir vivante leur nation malgré des siècles d'exil,

1. Cité par Andro Clifford, in *L'Empire et le Droit. Invention juridique et réalités historiques à Rome*, trad. M. Bresson, Paris, Odile Jacob, 2013, p. 20.

Spinoza, au terme du chapitre III de l'anonyme *Traité théologico-politique*, explique la chose par « *la haine* » :

> Qu'ils [*les Juifs*] aient subsisté tant d'années et sans État, cela n'a rien d'étonnant, après qu'ils se sont séparés de toutes les autres nations de façon à s'attirer la haine de tous contre eux, et cela non seulement par des rites extérieurs opposés aux rites de toutes les autres nations, mais encore par le signe de la circoncision qu'ils conservent avec le soin le plus religieux. Que la haine des nations soit précisément ce qui les fait subsister, l'expérience l'a déjà enseigné[1].

Résonnent les mots de Tacite au sujet des juifs : « *Moïse, pour s'assurer à jamais l'empire de cette nation, lui donna des rites nouveaux et opposés à ceux du reste des mortels.* » Résonnent également ses mots au sujet des chrétiens : leur « *exécrable superstition* », leur « *haine pour le genre humain* ». Spinoza, s'étant affranchi du paradigme théologique, raisonne en historien classique, et non en chrétien ou en juif ; d'où sa conclusion :

> Quant au signe de la circoncision, je l'estime d'une telle importance dans ce domaine, que je me persuade qu'à lui seul il peut conserver cette nation pour l'éternité ; bien plus, si les fondements de leur religion n'efféminaient pas leurs âmes, je croirais sans réserve qu'un jour, lorsque l'occasion leur en sera donnée, comme les choses humaines sont changeantes, ils rétabliront leur État, et Dieu les élira de nouveau[2].

Leurs « *rites extérieurs opposés aux rites de toutes les autres nations* » défient la raison, et agacent, parce que, vivant sous une autorité politique étrangère, les juifs veulent être à la fois citoyens et différents ; mais qu'ils rétablissent leur *imperium* et

---

1. Traduction de J. Lagrée et P.-F. Moreau, Paris, PUF, 1999, p. 177.
2. *Ibid.*, p. 177-179.

alors ils seront de nouveau citoyens de l'État d'Israël, rendus conformes à la norme sociale des nations républicaines : une loi, un peuple, une terre. À cette lumière, on comprend qu'au chapitre XVII la vaine superstition des « *Juifs* » exilés en chrétienté soit devenue, sous la plume de Spinoza, la vertu des « *Hébreux* » assiégés dans Jérusalem :

> Combien tout cela – la liberté à l'égard de tout pouvoir humain, la dévotion envers la patrie, le droit absolu envers tous les autres peuples et la haine non seulement permise mais même pieuse, le fait de les tenir tous pour ennemis, la particularité des mœurs et des rites –, combien cela, dis-je, eut de force pour raffermir l'âme des Hébreux et les déterminer à tout supporter pour la patrie avec une constance et une vertu singulières, la raison l'enseigne très clairement et l'expérience même l'atteste[1].

Suit le récit du siège de Jérusalem par les armées de Vespasien. Dans cette configuration, la force d'âme des habitants de Jérusalem assiégée, déterminés « *à tout supporter pour la patrie* », évoque la force d'âme des citoyens romains. Et Spinoza de citer Tacite qui, relatant la guerre de Vespasien au livre II de ses *Histoires*, conclut à une « *entreprise rude et difficile, plus en raison de la complexion de ce peuple et de l'opiniâtreté de la superstition que parce qu'il restait assez de forces aux assiégés pour faire face aux nécessités du siège*[2]. » La superstition des juifs est « *exécrable* » dans Rome, mais elle est « *opiniâtre* » dans Jérusalem, parce qu'alors elle contribue à « *raffermir l'âme des Hébreux et* [à] *les déterminer à tout supporter pour la patrie avec une constance et une vertu singulières* ». Tant qu'ils sont citoyens de Jérusalem, il n'est pas jusqu'au « *droit absolu envers tous les autres peuples et la haine non seulement permise mais même pieuse* » qui ne correspondent à la force d'âme du

1. *Ibid.*, p. 571.
2. *Ibid.*, p. 571.

citoyen romain. Il est donc question des « *Juifs* », lorsqu'ils sont en exil, « *sans État* », mais il est question des « *Hébreux* », lorsqu'ils sont assiégés dans Jérusalem.

Comme l'observent les traducteurs Lagrée et Moreau, la critique de la religion chrétienne est « *un thème insistant de Machiavel à Rousseau*[1] » – l'argument étant qu'elle détourne les hommes des préoccupations de la cité. C'est donc bien l'argument de Tacite qui resurgit sous la plume de Spinoza : la superstition juive est « *exécrable* » dans Rome, mais « *opiniâtre* » dans Jérusalem. Spinoza, conséquent, en conclut que si les Juifs venaient à rétablir leur État, « *Dieu les élira*[it] *de nouveau* ». C'est la signature du paradigme antique, celui de Tacite, inquiet de voir affluer à Rome des superstitions étrangères qui portent atteinte aux vertus patriotiques, mais élogieux à l'égard des Hébreux assiégés. Car l'exclusivisme d'une superstition autochtone raffermit les âmes et détermine à tout supporter pour la patrie avec une constance et une vertu singulières. La signature du paradigme chrétien est tout autre : en son sein, le rétablissement de l'*imperium* des Hébreux ne saurait signifier une quelconque élection, pas davantage une vertu, mais bien le raffermissement de la « *barrière* » faisant obstacle à « *l'Homme Nouveau* ».

⋆

Le domaine d'investigation étant maintenant balisé, revenons à la doctrine de Milner. Une fois Rome christianisée, « *dans un espace discursif où vaut l'axiome de Peregrinus, le nom juif dit que non à l'axiome* ». Milner n'interroge pas le contenu de l'identité juive, matériel ou idéologique, il en formalise d'emblée la singularité : « *dans un espace discursif où le tout est censé donner accès au lieu des solutions vraies, le nom juif dit que non à toute solution.* » Or, sa formalisation pose problème.

---

1. *Ibid.*, note 45, p. 722.

Paul soutient que les hommes des nations sont « *exclus de la cité d'Israël, étrangers aux alliances de la Promesse, n'ayant ni espérance ni Dieu en ce monde* », jusqu'à l'intervention du « *Christ* », qui révolutionne le monde antique et opère le passage d'un paradigme à un autre : « *ni Platon ni Aristote n'ont su que l'homme est libre en soi et pour soi, conformément à la substance.* » Le problème est toutefois le suivant : de ce que les juifs disent non au « *Christ* », il ne s'ensuit pas qu'ils disent non à la « *substance* ». Ou pour le dire autrement : de ce que les juifs disent non au « *Christ* », il ne s'ensuit pas qu'ils conçoivent le salut de l'âme dans les termes d'une « *opération pratiquée dans la chair* ».

Pour preuve, Maïmonide, dans une règle de sa Codification citée par Spinoza au chapitre V du *Traité théologico-politique*, affirme explicitement que « *les hommes pieux* » des nations ont part au monde à venir, bien qu'ils n'observent pas le droit propre aux juifs mais seulement le droit commun à l'humanité. Autrement dit, bien qu'ils ne soient pas circoncis, ils ont part aux « *alliances de la promesse* ». On peut sans doute discuter du fait de savoir si, au temps de Paul, la chose est acquise. Elle l'est en revanche certainement au temps de Maïmonide, puis de Selden, Grotius et Spinoza : le nom juif dit que *oui* au genre humain, puisque le salut de l'âme dépend selon les juifs d'une sorte de droit commun à l'humanité dont l'observance toujours, partout, par tous, garantit un égal accès aux « *alliances de la promesse* » – et incidemment à la citoyenneté. Le texte de loi de Maïmonide est en effet explicite à ce sujet : et le salut et la citoyenneté reviennent de droit aux hommes pieux d'entre les nations, c'est-à-dire aux hommes respectueux du droit commun à l'humanité[1]. Et pourtant, force est de constater que « *dans un espace discursif où le tout est censé donner accès au lieu des solutions vraies* »,

1. Je me permets de renvoyer sur tous ces points à la seconde partie de mon livre *Le Manteau de Spinoza* (Paris, La Fabrique, 2014).

antijudaïsme, antisémitisme et antisionisme prospèrent. Comment expliquer ce paradoxe ? Est-ce parce qu'on ignore que le nom juif dit que oui, « *Dieu veut aider au salut de tous les hommes* » ? Est-ce un défaut de communication ? Jean-Paul Sartre, dans ses *Réflexions sur la question juive*, propose une explication à la singulière mise à l'écart des juifs :

> Ce n'est ni leur passé, ni leur religion, ni leur sol qui unissent les fils d'Israël. Mais s'ils ont un lien commun, s'ils méritent tous le nom de Juif, c'est qu'ils ont une situation commune de Juif, c'est-à-dire qu'ils vivent au sein d'une communauté qui les tient pour Juifs. En un mot, le Juif est parfaitement assimilable par les nations modernes, mais il se définit comme celui que les nations ne veulent pas assimiler. Ce qui pèse sur lui originellement, c'est qu'il est l'assassin du Christ[1].

Est-ce la raison de l'affect en 1947 : le juif est « *l'assassin du Christ* » ? Remarquons aussitôt qu'il suffirait de conclure : « Ce qui pèse sur lui originellement, c'est qu'il est l'adepte d'une exécrable superstition », pour que le propos de Sartre au sujet de l'antisémite décrive assez exactement le préjugé de Tacite. Se pourrait-il donc qu'en dernière analyse soit en cause un préjugé xénophobe, qu'il soit revêtu d'un argument politique (antique) ou théologique (chrétien) ? L'assassinat du Christ prêté aux juifs n'étant somme toute guère différent de leur « *exécrable superstition* », il semble qu'on puisse s'en tenir à un paradigme unique, celui de la xénophobie, en dernière analyse déterminant : au préjugé xénophobe du citoyen romain à l'encontre des barbares succède, après la conversion de Rome au christianisme, celui du chrétien à l'encontre du juif, haï parce que sa superstition hétérodoxe attesterait quelque hétérogénéité radicale, quelque étrangeté

---

1. J.-P. Sartre, *Réflexions sur la question juive*, Paris, Gallimard, 1954, p. 81.

substantielle. Mais que l'argument soit politique, ou théologique, c'est *l'étranger* qui est haï, soumis, persécuté, toujours, partout, par tous, quelles que soient les formes confessionnelles, ethniques, sexuelles ou sociales de son étrangeté. En témoigneraient les vicissitudes du nom juif dans la Rome christianisée :

> Avec le triomphe du christianisme, le judaïsme reste *religio licita* dans l'Empire Romain. Certaines lois protègent la liberté du culte, interdisent la confiscation ou l'incendie des synagogues : elles témoignent par là même des violences qui s'exerçaient en fait à l'encontre du judaïsme. D'autres lois mettent en place une stricte discrimination en restreignant les activités sociales des Juifs et leurs relations avec les chrétiens[1].

La description est extraite d'un livre de Jocelyne Lenglet-Ajchenbaum et Yves-Marc Ajchenbaum : *Les Judaïsmes*. Elle pourrait s'appliquer aux chrétiens en remontant quelques siècles en arrière. Il y a donc bien une profonde continuité xénophobe depuis Tacite jusqu'à Théodose, en dépit de la discontinuité qu'introduit par ailleurs le « *principe chrétien* ». Ainsi, tout au long du Moyen-Âge, l'étrangeté des juifs en royaume chrétien ne cesse de croître, comme si les juifs ne cessaient de devenir étrangers à mesure que l'Europe se christianise. Poursuivons la lecture du livre des Ajchenbaum :

> Avec la première croisade (1096) se clôt l'ère de sécurité relative dans laquelle vivent les communautés d'Europe du Nord depuis Charlemagne. La route de terre sainte, en Rhénanie et à Prague, est jalonnée de massacres de Juifs perçus dans le contexte d'exaltation religieuse comme des étrangers et des meurtriers du Christ[2].

---

1. J. Lenglet-Ajchenbaum et Y.-M. Ajchenbaum, *Les Judaïsmes*, Paris, Gallimard, coll. « Folio », 2000, p. 47.
2. *Ibid.*, p. 66.

Les juifs sont à la fois étrangers *et* meurtriers du Christ, autrement dit meurtriers du Christ *parce qu'*étrangers et étrangers *parce que* meurtriers du Christ. Les paradigmes antique et chrétien s'imbriquent durablement. Puis, aux discriminations religieuses, économiques et sociales ainsi qu'aux massacres sporadiques, succèdent les expulsions massives :

> Exclus de la propriété foncière et des corporations, distancés par leurs concurrents chrétiens dans le grand commerce et bientôt la banque (l'interdit canonique est aisément tourné), les Juifs sont réduits progressivement au prêt à court terme, l'impopulaire usure, consenti à des taux légaux très élevés. Par ailleurs, les souverains leur imposent de lourdes ponctions fiscales : devenus inutiles et indésirables, les Juifs sont finalement expulsés d'Angleterre en 1290, de France en 1306 et 1394. Dans le Saint Empire romain germanique où prévaut le morcellement politique, les expulsions, pour nombreuses qu'elles soient, gardent un caractère local[1].

Puis survient, en 1492, l'expulsion des juifs de la péninsule ibérique :

> Isabelle de Castille et Ferdinand d'Aragon signent le décret d'expulsion des Juifs à Grenade, le 31 mars 1492, après la prise de la ville sur les musulmans. 150 000 à 200 000 Juifs quittent l'Espagne dans des conditions souvent dramatiques. Au Portugal, le roi signe un décret de bannissement en 1496, puis préfère contraindre les Juifs au baptême collectif assorti de l'interdiction de quitter son royaume (1497)[2].

De la première Croisade (fin du XIe siècle) jusqu'à la veille de la Révolution française, les autorités européennes s'efforcent d'assurer une persécution savante, plutôt que cruelle,

1. *Ibid.*, p. 71.
2. *Ibid.*, p. 86.

d'hommes et de femmes étrangers à la foi chrétienne et meurtriers du Christ. Danielle Lochak en retrace les grandes lignes dans l'introduction de son livre sur le *Droit et les Juifs en France depuis la Révolution* :

> Pendant plusieurs siècles, la situation des Juifs dans le royaume est restée entièrement précaire, rythmée par les mesures d'expulsion alternativement décrétées puis rapportées au gré des caprices des souverains et de leurs besoins financiers. Ainsi, Philippe Auguste, après avoir ordonné la confiscation de leurs biens (1181), chasse les juifs du Royaume (1182) avant de les rappeler seize ans plus tard. En 1306 un nouvel édit d'expulsion est pris par Philippe le Bel, là encore après avoir saisi les biens des Juifs au profit de la Couronne. En 1315, les Juifs sont rappelés pour une période de douze ans, mais en 1322 ils sont à nouveau bannis par Philippe V. En 1359 le futur Charles V négocie le retour des Juifs moyennant une contribution destinée à payer la rançon de son père Jean le Bon, prisonnier des Anglais. En 1380 l'autorisation de séjour est renouvelée pour vingt ans mais en 1394 Charles VI abroge l'autorisation de séjour des Juifs, qui quittent le royaume. L'édit d'expulsion de 1394 restera durablement en vigueur et il sera encore confirmé en 1615 par Louis XIII : les Juifs ne peuvent donc séjourner dans le royaume que sur la base d'autorisations individuelles et temporaires. [...] En Lorraine, l'expulsion des Juifs a été ordonnée en 1477. Mais après l'occupation par la France de Toul, Verdun et Metz, quelques juifs sont autorisés à s'installer à Metz, en 1574, par des lettres patentes de Henri III, pour pratiquer le prêt sur gages. Les « privilèges » des Juifs de Metz seront confirmés par Henri IV puis à nouveau en 1718, et le nombre de ménages autorisés à résider dans la ville sera progressivement augmenté. À Metz et dans le pays messin, on assiste donc à la légalisation définitive de la présence juive, moyennant le paiement d'une taxe annuelle d'un montant très élevé. Les communautés de Nancy et de Lunéville, rattachées à la France en 1766, connaissent toutefois un sort plus favorable. [...] En 1674 est édicté un statut des Juifs alsaciens, calqué sur celui des Messins : les

juifs d'Alsace sont ainsi la seconde communauté autorisée à séjourner légalement dans le royaume en dépit de l'édit d'expulsion. Les Juifs de Basse Alsace restent toutefois soumis au droit de péage corporel, aboli dans la plupart des régions au siècle précédent. Cette taxe prélevée sur les voyageurs, les marchandises et les animaux est ressentie comme d'autant plus humiliante que dans la tarification les Juifs sont assimilés aux animaux. Elle est abrogée en 1784, tandis que des lettres patentes du Roi reconnaissent officiellement l'implantation des Juifs en Alsace en tant que « sujets du Roi ». Les Juifs se voient reconnaître l'usage et la jouissance de la terre : ils peuvent louer des propriétés, mais à condition de les exploiter eux-mêmes, ils obtiennent l'accès à de nouveaux métiers commerciaux et industriels. Mais ils ne peuvent ni posséder des biens fonciers ni employer de serviteurs chrétiens, et les mariages sont soumis à l'autorisation royale, dans le but de contrôler la démographie des Juifs[1].

Les juifs, parce qu'ils sont les étrangers du royaume, sont persécutés, et cette persécution est sage. Les autorités d'Ancien Régime prennent des mesures d'utilité publique contre l'insociabilité, l'impiété et l'insoumission. Puis survient la Révolution française, et alors la politique juive des autorités est elle-même révolutionnée. C'est le mot de Clermont-Tonnerre qu'on cite le plus souvent à ce sujet. Il est vrai qu'il expose le principe de la politique révolutionnaire à l'endroit des juifs : « *Il faut refuser tout aux Juifs comme Nation dans le sens de corps constitué et accorder tout aux Juifs comme individus.* » Dès lors que serait affirmée l'existence d'une nation juive sur le territoire français, serait affirmée une hétérogénéité politique à la République une et indivisible, et c'est donc ce à quoi il faut tout refuser. Si en revanche est seul en cause l'individu et non la nation juive, chaque juif est un citoyen comme un autre d'une République libre, égalitaire et

1. D. Lochak, *Le Droit et les Juifs en France depuis la révolution*, Dalloz, 2009, p. 5-8.

fraternelle, enfin débarrassée du préjugé xénophobe, confessionnel ou ethnique ; d'où le mot d'ordre : « *tout aux Juifs comme individus.* »

L'idée fraye difficilement son chemin en Europe. Tout au long du XIXe siècle, l'Ancien Régime ne cesse de refaire surface sous la forme de contre-révolutions et de saintes alliances, et parfois de massacres de juifs. Les pogroms d'Europe orientale, jusqu'au début du XXe siècle, s'inscrivent dans la lignée des massacres de juifs par les Croisés en route vers Jérusalem. Mais le sens de l'Histoire est tracé, et l'émancipation des juifs finit par s'imposer à l'Europe. Les Ajchenbaum en retracent les principales étapes :

> Après la chute de Napoléon et le Congrès de Vienne (1815), les lois émancipatrices des Juifs sont invalidées en Europe à l'exception de la France et de la Hollande. Dès lors en Allemagne, dans l'Empire autrichien et en Italie, les Juifs sont à l'unisson des mouvements libéraux qui inscrivent à leur programme l'égalité de tous les citoyens. Les progrès et les reculs de la lutte pour l'émancipation épousent le flux et le reflux des révolutions. Finalement l'accès à la citoyenneté est obtenu en Autriche-Hongrie en 1867, il accompagne la réunification de l'Allemagne (1869-1871) et de l'Italie (1870). Au Royaume-Uni il est le fruit d'un long processus ; symboliquement on retient l'année 1858 : le baron Lionel Rothschild est le premier juif à siéger au Parlement. La Suisse accorde l'émancipation en 1874[1].

Est-ce à dire que le préjugé xénophobe disparaît avec l'émancipation des juifs ? Ce qui tend à disparaître, excepté quelques résurgences sporadiques, c'est le grief théologique à l'encontre de « *l'assassin du Christ* ». Est-ce donc que Sartre, en 1947, se fourvoie ? Sartre n'ignore pas que derrière le préjugé théologique, le préjugé xénophobe tire les ficelles,

---

1. J. Lenglet-Ajchenbaum et Y.-M. Ajchenbaum, *Les Judaïsmes*, *op. cit.*, p. 103.

tel un vieux nain bossu. Disons que le grief théologique est à ses yeux la forme historique qu'a prise l'étrangeté existentielle. Mais ce grief se métamorphose donc au fil des temps et des lieux. Au Moyen-Âge, il portait sur l'obstination des juifs à ignorer « *le sauveur du genre humain* ». Vaincu politiquement par la modernité révolutionnaire, le préjugé se reconfigure. On voit alors apparaître dans les discours contre-révolutionnaires une triple identification des juifs, à la fois complémentaire et antagonique, aux classes populaires, au radicalisme révolutionnaire et à la finance. Dans sa *Contre-histoire du libéralisme*, Domenico Losurdo repère cette métamorphose du grief théologique (« l'assassin du Christ ») dans un texte de William Burke datant de 1790, donc immédiatement contemporain de la révolution française :

> Au-delà d'une strate sociale bien précise (les intellectuels non-propriétaires, non liés à la terre et privés de racines), l'« intoxication » idéologique dont se rend coupable le radicalisme renvoie à un bloc social dont la dimension ethnique commence à apparaître. C'est bien l'alliance entre deux classes sociales sensiblement différentes qui explique la catastrophe de la Révolution française : d'un côté, les « gens de lettres politiques » [*political men of letters*], de l'autre, les « nouveaux capitalistes », les grands de la finance. On comprend bien les raisons de cette alliance qui semble si étrange à première vue. Les deux parties ont au moins en commun la haine du christianisme [...], si on connaît l'irréligiosité et l'athéisme des intellectuels influencés par les Lumières, il ne faut pas perdre de vue le fait que les « Juifs de Change Alley », déjà étrangers pour des raisons religieuses et idéologiques à la chrétienté, ont aussi un intérêt matériel à son affaiblissement ou à sa destruction : ils espèrent hypothéquer les « revenus de l'archevêché de Cantorbéry ». [...] C'est l'alliance entre les intellectuels subversifs regroupés dans la « Société de la Révolution » et la « chaire du Vieux Ghetto » (*the pulpit of the Old Jewry*), ou « les fidèles du Vieux Ghetto », qui s'emploient à falsifier la vraie signification de la

> Glorieuse Révolution et à répandre les purs « principes de la Révolution » du « Vieux Ghetto », qui cherche à détruire une société dont les piliers sont le christianisme et l'aristocratie terrienne. Comme on le voit, Burke n'arrête pas d'insister sur le rôle des Juifs. Ces deux composantes du bloc révolutionnaire sont liées par de nombreuses affinités. Au-delà de la haine de l'Église et de la noblesse agraire et chrétienne, c'est aussi leur extériorité fondamentale à la nation qui joue un rôle important. La classe des intellectuels est aussi fondamentalement apatride, puisqu'ils ne montrent de « l'attachement à leur pays » que dans la mesure où il adhère à « leurs projets flottants ». Mais d'où vient la force d'impact de la subversion ? Pour renverser l'ordre existant, intellectuels et usuriers ne suffisent pas. En réalité, c'est la « Taverne », la populace avinée et sanguinaire qui, bien que subalterne, est totalement partie prenante de cette attaque subversive. [...] Il n'y a aucun doute : nous sommes face à la première théorie organique de la révolution comme complot juif[1].

La « *populace avinée et sanguinaire* », les « *gens de lettres politiques* » et « *les grands de la finance* », tel est le tripode que dénonce Burke dès 1790. Et le « *vieux ghetto* » semble bien être la racine d'où partent les trois branches du tripode (insociabilité, impiété, insoumission). La vindicte populaire, l'intellectualité subversive de l'homme de lettres et le pouvoir de l'argent sont devenus les trois formes de concrétisation sociale de l'existence des juifs et de leur influence pernicieuse sur le corps de la nation. Le juif est rapporté à la « *populace* », puisque sous l'ancien Régime, « *dans la tarification les Juifs sont assimilés aux animaux* » ; il est rapporté à l'homme de lettres, impie et subversif, puisque son attachement viscéral à la lettre de l'ancien Livre plutôt qu'à l'institution chrétienne est impie et subversif ; il est rapporté enfin au pouvoir occulte de la finance, puisque les juifs, sous l'Ancien Régime, pratiquaient

---

1. D. Losurdo, *Contre-histoire du libéralisme* (2006), trad. fr. B. Chamayou, Paris, La Découverte, 2013, p. 307-309.

l'usure interdite aux chrétiens. Et les trois identifications – à la populace, à l'homme de lettres, à l'usurier – à la fois s'opposent et se complètent. Marx, par exemple, est un théoricien de la révolution sociale volontiers qualifié de « juif » par ses détracteurs antisémites, tandis que lui-même use parfois sans scrupule des syntagmes « *juifs de la finance* » ou « *juifs de la bourse* », notamment dans *Les Luttes de classe en France* :

> On déclara que les livrets de caisse d'épargne dont le montant dépassait 100 francs ne seraient plus remboursables en argent. Les sommes déposées dans les caisses furent confisquées et remplacées par une créance remboursable sur l'État. La petite bourgeoisie, déjà gênée, s'aigrit contre la République. Elle se vit forcée d'aller à la Bourse vendre les biens d'État reçus à la place des livrets. C'était retomber directement entre les mains des juifs de la Bourse contre lesquels la révolution de l'ouvrier avait été faite[1].

L'étrangeté des juifs sous l'Ancien Régime, due à leur « *exécrable superstition* », prit ainsi après la Révolution française d'une part, la Révolution industrielle d'autre part, de nouvelles formes, non plus principalement rituelles mais politiques, économiques et sociales, enfin nationales. Et, à suivre Losurdo, le trait marquant du nouvel antijudaïsme issu de la Réaction résiderait dans le singulier raccord, inhérent au nom juif, de deux forces sociales pourtant antagoniques : « *Pour la première fois, les juifs sont accusés d'évoluer simultanément dans une finance rapace et parasitaire et dans un mouvement plébéien animé d'une aveugle fureur destructrice.*[2] » Reste qu'en dernière analyse le trait invariant du nom juif, depuis Paul et Tacite jusqu'à Burke, est donc son « *extériorité fondamentale* » aux alliances de la promesse, qu'elles soient conçues en

1. K. Marx, *Les Luttes de classe en France*, Paris, La Table Ronde, 2001, p. 41.
2. D. Losurdo, *Contre histoire du libéralisme*, *op. cit.*, p. 310.

termes théologiques ou séculiers, comme le relève finalement Losurdo : « *Au-delà de la haine de l'Église et de la noblesse agraire et chrétienne, c'est aussi leur extériorité fondamentale à la nation qui joue un rôle important.* » Disons plutôt que « *leur extériorité fondamentale* » ne joue pas seulement un rôle important, mais le rôle principal, toujours, partout.

⋆

Milner observe que « *le monde musulman semble bien admettre l'axiome de Peregrinus* ». On peut le lui accorder, en ce sens que le paradigme musulman prolonge d'une certaine manière le paradigme chrétien, en ceci notamment que le rétablissement de l'*imperium* des Hébreux ne saurait non plus y exprimer une quelconque vertu, mais bien un scandale. Le statut des juifs et des chrétiens est, sous autorité musulmane, rigoureusement défini : ce sont des minorités monothéistes protégées, mais soumises, leur statut étant normalisé au titre de *dhimmis*. Les Ajchenbaum expliquent : « *La dhimma est conçue comme un pacte : en échange de la reconnaissance et de la protection dont ils jouissent, les dhimmis, c'est-à-dire les protégés, acceptent la primauté de l'islam et la suprématie des musulmans*[1]. » La religion des juifs et des chrétiens est légitime (*religio licita*), tant qu'elle fait vœu de soumission à l'autorité théologico-politique. La question du statut des juifs a été plus épineuse sous autorité chrétienne, pour des raisons à la fois théologiques et sociales : en termes théologiques, les juifs n'ont pas seulement ignoré le Christ, ils ont souhaité ses souffrances et sa mort parce que l'avènement de « *l'Homme nouveau* » signait leur propre mort métaphysique, si bien que persistant dans leur superstition en royaume chrétien, il faut que le statut des juifs soit en quelque sorte celui d'accusés ; en termes sociaux cette fois, les juifs représentent

1. J. Lenglet-Ajchenbaum et Y.-M. Ajchenbaum, *Les Judaïsmes*, *op. cit.*, p. 54.

une singulière altérité intérieure, et c'est pourquoi se radicalisent en royaume chrétien les griefs de l'antijudaïsme païen (insociabilité, impiété, insoumission). Qu'en est-il, en regard de la chrétienté d'Ancien Régime, de la politique des autorités musulmanes à l'encontre des minorités juives ? Il semble qu'elle ne se distingue guère de la politique romaine à l'égard des cultes barbares affluant « *à Rome même* », l'autorité théologico-politique musulmane étant à la fois protectrice, tolérante et persécutrice selon les soubresauts de l'Histoire. Poursuivons la lecture du livre des Ajchenbaum :

> En échange [*de la sécurité de leur personne et de leurs biens*], les « protégés » se soumettent à des restrictions dont la plupart ont un caractère social et symbolique : il leur est interdit de posséder des armes et de monter à cheval ; ils ont l'obligation de porter des vêtements ou des insignes distinctifs ; ils ne peuvent habiter une maison dont la hauteur dépasse celle des demeures musulmanes voisines ; ils ont le droit de conserver en bon état les lieux de culte existants mais non d'en bâtir de nouveaux ; ils doivent pratiquer leur religion avec discrétion, témoigner d'un respect sans faille envers l'islam et les musulmans. Plus tangibles et concrètes sont l'interdiction d'occuper des emplois publics et surtout l'assujettissement à l'impôt de capitation, la *djizya*. Cette sanction fiscale s'est imposée partout sans discontinuer jusqu'au XIXe siècle. Quant aux autres dispositions, leur application connaît d'amples variations selon les lieux et les époques : il semble qu'elles aient été plus souvent négligées que rigoureusement appliquées. La tendance au laxisme prédomine dans les périodes d'expansion de l'islam et de puissance des États musulmans, tandis qu'une stricte application accompagne souvent les époques de crise et de décadence. Ces revirements souvent brutaux concourent à l'insécurité de la vie juive. Aux lois générales de la *dhimma* peuvent s'ajouter des dispositions particulières. Au Maroc, une application très sévère du statut s'accompagne de l'obligation de résider dans un quartier séparé, le mellah. En Iran, l'islam shî'ite classe les Juifs (comme tous les non-musulmans) dans la

catégorie des choses et des êtres rituellement impurs (tels l'urine, le vin, le porc, la charogne...), dont le simple contact entraîne une souillure[1].

Il y a donc bien persistance du paradigme antique : les superstitions étrangères sont toujours, partout, par tous, jugées exécrables, dès lors qu'elles paraissent menacer, de quelque manière, l'ordre théologique et politique dominant, d'où le statut des juifs et des chrétiens en terre musulmane, comme celui des juifs en terre chrétienne – si ce n'est que, du fait d'être l'unique étranger de toujours, et comme le signifiant d'une altérité intérieure, le statut du juif en chrétienté est marqué d'une extériorité encore plus fondamentale. Mais par ailleurs, le paradigme musulman épouse donc le paradigme chrétien, en ceci que l'existence juive en terre d'islam est une existence protégée, mais soumise.

Si dans l'empire ottoman se pérennise la configuration médiévale, comme c'est aussi le cas en Russie jusqu'en 1917, en revanche, avec les révolutions politiques anglaise, américaine et française, et avec la révolution industrielle, une configuration nouvelle apparaît donc en Occident, qu'on dira moderne. Le paradoxe est qu'on peut aussi bien l'interpréter comme une renaissance du paradigme antique, au sein duquel la question des minorités religieuses est abordée sous un angle rigoureusement civil et politique, à la manière de Tacite puis de Spinoza, et non principalement théologique, à la manière de l'Inquisition. Et dès lors que le paradigme chrétien d'Ancien Régime se délite, à mesure que s'impose le paradigme moderne issu de la Renaissance puis de la Révolution, le projet d'un rétablissement de l'*imperium* des Hébreux peut de nouveau faire sens en Europe.

Une fois débarrassé du théologique, l'enseignement politique est en effet que les superstitions, lorsqu'elles sont

1. *Idem.*, p. 54-55.

convergentes, unitaires, augmentent la puissance du collectif, dans la mesure où elles contribuent à raffermir l'âme des citoyens et à les déterminer à tout supporter pour la patrie avec une constance et une vertu singulières. C'est l'enseignement de Tacite et de Spinoza : l'« *exécrable superstition* » des juifs à Rome devient « *opiniâtre* » dans Jérusalem. Entre le paradigme antique de la *cité* et celui moderne de la *nation*, le mot « *patrie* » de Spinoza, au sujet des « *Hébreux* » assiégés dans Jérusalem, fait donc figure de transition : le sens de la patrie est une vertu, et ce depuis Tacite qui, cité par Spinoza, salue indirectement le patriotisme des « *Hébreux* ». Ce sens de la patrie est-il celui que Machiavel reconnaît à Moïse lorsqu'il le donne en exemple de « *prince* » ? Ou est-il celui que Saint-Just attribue à l'antique vertu romaine précisément par différence avec le machiavélisme de Moïse ? Saint-Just, dans ses écrits théoriques, adresse en effet à Moïse des blâmes issus d'une longue tradition, depuis Origène jusqu'à Luther, puis Voltaire, bientôt Hegel :

> Moïse fait la fable des démons et la fable d'Éden pour épouvanter son peuple par le châtiment de la désobéissance. Aussi ce peuple dénaturé, n'est-il jamais revenu de son fanatisme. Moïse avait pris soin de l'éterniser par des maximes d'obéissance sous le joug et par l'espoir d'un libérateur. Idée épouvantable qui semble éterniser, avec le mensonge, l'oubli de la nature humaine. Rien ne devait détruire une telle impression et le fer même qui moissonne tout devait se rompre contre un préjugé si religieux. Je ne crains point de le dire, Moïse fut le plus profond et le plus habile de tous les hommes en même temps qu'il fut le plus méchant. Il trouva le secret d'une législation éternelle. Car si son peuple est malheureux, il patiente et son orgueil attend un libérateur qui lui soumette la terre[1].

1. Saint-Just, *Œuvres complètes*, Paris, Gallimard, 2004, *De la nature*, p. 1055-1056. Notons que dans son adresse, « Français, encore un effort si vous voulez être vraiment républicains », Sade écrit :

L'attachement des juifs à une vaine superstition serait dû au machiavélisme de Moïse, le fondateur de l'*imperium* des Hébreux. La modernité révolutionnaire paraît donc hériter, ici dans un écrit théorique de Saint-Just, de l'un et l'autre paradigme, antique et chrétien : les juifs sont non seulement les adeptes d'une superstition étrangère au bien public, mais en outre ils n'ont aucune notion de la substance humaine. Étant soumis « *par des maximes d'obéissance sous le joug et par l'espoir d'un libérateur* », ils ne peuvent qu'ignorer « *le sauveur du genre humain* » – qu'il s'agisse du Christ ou de la Révolution. À l'inverse de Saint-Just, Machiavel voyait en Moïse un exemple de vertu : « *Mais pour venir à ceux qui par leur* virtu, *et non point par fortune, sont devenus princes, je dis que les plus excellents sont Moïse, Cyrus, Romulus, Thésée et quelques autres semblables*[1]. » La différence entre le jugement de Machiavel et celui de Saint-Just ne provient pas alors du fait qu'on jugerait le nom juif tantôt à Jérusalem, tantôt à Rome, autrement dit selon qu'il s'agit des « *Hébreux* » ou des « *Juifs* », mais du fait que le philosophe classique et le philosophe révolutionnaire s'opposent bel et bien sur la question de la vertu en politique : « *Moïse fait la fable des démons et la fable d'Éden pour épouvanter son peuple par le châtiment de la désobéissance.* » Ce que Machiavel qualifie de vertu dans son *Prince*, Saint-Just le qualifie de vice.

En regard de l'éloge machiavélien de Moïse, il y a donc deux antijudaïsmes : celui de Burke, contre-révolutionnaire, et celui de Saint-Just, révolutionnaire. L'étau se referme-t-il

---

« *Lycurgue, Numa, Moïse, Jésus-Christ, Mahomet, tous ces grands fripons, tous ces grands despotes de nos idées, surent associer les divinités qu'ils fabriquaient à leur ambition démesurée, et certains de captiver les peuples avec la sanction de ces dieux, ils avaient, comme on sait, toujours soin ou de ne les interroger qu'à-propos, ou de leur faire répondre que ce qu'ils croyaient pouvoir les servir* » (*La Philosophie dans le boudoir*, Paris, Flammarion, 2007, p. 131).

1. Machiavel, *Le Prince*, Livre VI, trad. Gohory

sur le nom juif dès 1790 ? Ce serait oublier que la politique révolutionnaire, si elle prolonge à certains égards l'antijudaïsme chrétien, s'en affranchit à certains autres. Ainsi Karl Marx, écrivant *Sur la question juive*, entérine l'identification du juif à l'usure, rejoignant sur ce point Bruno Bauer. Mais par ailleurs, à la différence de ce dernier, il prend position, à la suite de Saint-Just, pour l'émancipation politique des juifs : « *Si l'État évangélise lorsque, bien qu'État, il agit chrétiennement à l'égard des Juifs, le Juif fait de la politique lorsque, bien que Juif, il réclame des droits civiques.*[1] »

⋆

Avant Marx, Hegel avait lui-même pris position pour l'octroi des droits civiques aux juifs (accordés en Prusse en 1811). Dans une note du paragraphe 270 des *Principes de la philosophie du droit*, il revient sur cette « question juive » à une période, 1819, où l'on observe en Allemagne une recrudescence de l'antijudaïsme. Évoquant le problème des sectes religieuses qui ne reconnaissent pas l'État comme raison universelle législative, notamment les Quakers d'Amérique du Nord, Hegel est cependant favorable à la tolérance, arguant que c'est « *la force qu'il possède par ailleurs* [qui] *permet à l'État de passer sur de telles anomalies, de les souffrir et de s'en remettre surtout à la force des mœurs et à la rationalité interne de ses institutions, pour qu'elle atténue ces différences et les surmonte, sans que l'État ait à faire preuve de sévérité dans l'affirmation de ses droits*[2] ». Hegel se situe alors dans le sillage de Tacite, invoquant la force des mœurs romaines et la rationalité de ses institutions, plutôt que l'exercice tyrannique du pouvoir

1. K. Marx, *Sur la Question juive*, présentation et commentaires de D. Bensaïd, trad. J.-F. Poirier, La Fabrique, 2006.
2. Hegel, *Principes de la philosophie du droit*, note ⋆, §270, trad. R. Derathé, Paris, éditions Vrin, 1993, page 27.

et la cruauté fantaisiste. L'un et l'autre, Tacite et Hegel, identifient ces sectarismes divers et variés, au fond barbares, à des « *anomalies* » ; cependant l'un et l'autre s'opposent à ce qu'on les persécute, car ce serait l'expression d'une faiblesse de l'État. On songe aux autorités musulmanes, plus ou moins libérales selon la force de l'État : « *La tendance au laxisme prédomine dans les périodes d'expansion de l'islam et de puissance des États musulmans.* » Aussitôt après avoir évoqué les Quakers, Hegel aborde la question juive :

> Autant l'on aurait eu le droit formel de s'opposer à l'octroi des droits civils aux Juifs, puisque ceux-ci ne se considèrent pas seulement comme une communauté religieuse, mais comme appartenant à un peuple étranger, autant les clameurs qui se sont élevées de ce point de vue et à d'autres encore n'ont pas tenu compte de ce fait que les Juifs sont avant tout des hommes et qu'il ne s'agit pas là d'une qualité abstraite, dénuée de toute importance, mais qu'elle implique que de l'attribution des droits civils peut naître la fierté d'être reconnue comme personne juridique dans la société civile et que de cette racine infinie, indépendante de toute autre peut sortir et se réaliser l'assimilation désirée des façons de penser et de sentir. La séparation que l'on reproche aux Juifs se serait plutôt maintenue et aurait pu, à juste titre, être imputée et reprochée comme une faute à l'État qui les aurait exclus, car il aurait ainsi méconnu son principe, l'institution objective et sa puissance. L'affirmation de cette exclusion des Juifs, même si elle a pu croire qu'elle avait entièrement raison, s'est avérée à l'expérience la plus folle, alors qu'au contraire, la conduite des gouvernements a été conforme à la sagesse et à la dignité[1].

C'est à présent le juif d'Amsterdam qui paraît instruire Hegel. Dans le *Traité théologico-politique*, au terme du chapitre III, Spinoza explique en effet que lorsqu'en Espagne on accorda aux juifs les mêmes droits que les chrétiens, ils se

1. *Ibid.*, p. 274-275.

mêlèrent aux autres citoyens, « *de sorte que peu après il ne restait d'eux aucune trace ni aucune mémoire* », tandis qu'au Portugal, où on « *les avait déclarés indignes de tous les honneurs*[1] », ils demeurèrent séparés, attachés à leurs anomalies. Milner a fait remarquer dans un livre, *Le Sage trompeur*, que Spinoza invente de toutes pièces une « *expérience* » qui n'a jamais existé, puisque loin d'avoir bénéficié en Espagne des mêmes droits que les chrétiens, les juifs y ont été persécutés par l'Inquisition, même après s'être convertis (contraints et forcés). Et nous divergeons sensiblement quant à l'interprétation à donner de cette anomalie dans le texte de Spinoza, comme je m'en suis expliqué dans un livre[2]. Hegel, lecteur innocent du *Traité théologico-politique*, comprendrait pour sa part qu'il convient de prendre position pour l'octroi des droits civils aux juifs, de sorte qu'ils s'assimilent et que l'anomalie se résorbe d'elle-même. Autrement dit, il conviendrait de déclarer les juifs dignes des mêmes honneurs que les chrétiens.

Mais les raisons de Hegel se distinguent donc de celles du jeune Marx sur un point crucial. Car à suivre Hegel, le raisonnement des opposants à l'émancipation des juifs est pertinent en droit : « *l'on aurait eu le droit formel de s'opposer à l'octroi des droits civils aux Juifs, puisque ceux-ci ne se considèrent pas seulement comme une communauté religieuse, mais comme appartenant à un peuple étranger.* » Il y a cependant, poursuit Hegel, outre le « *droit formel* », la sagesse pratique. Et à cet égard refuser les droits civils aux juifs pourrait rétrospectivement « *être imputé et reproché comme une faute à l'État* », non pas juridique, certes, mais politique. Car si le « *droit formel* » commandait l'exclusion des juifs, « *l'expérience* » commandait l'octroi des droits civils, l'argument étant le suivant : « *de*

1. Spinoza, *Traité théologico-politique*, *op. cit.*, p. 177.
2. Cf. *Le Sage trompeur* de Jean-Claude Milner (Verdier, 2013) et ma contre-analyse dans la première partie du *Manteau de Spinoza* (La Fabrique, 2014).

l'attribution des droits civils peut naître la fierté d'être reconnue comme personne juridique dans la société civile et [...] de cette racine infinie, indépendante de toute autre peut sortir et se réaliser l'assimilation désirée des façons de penser et de sentir. » Marx, répondant à Bauer, va au-delà de Hegel, puisqu'il n'invoque nullement « *l'expérience* » mais un « *droit formel* » affranchi de la théologie et, au-delà, de la xénophobie : « *Si l'État évangélise lorsque, bien qu'État, il agit chrétiennement à l'égard des Juifs, le Juif fait de la politique lorsque, bien que Juif, il réclame des droits civiques.* »

Qu'en est-il dans le texte de Spinoza ? Le philosophe d'Amsterdam dit s'appuyer sur « *l'expérience* » espagnole, or elle est fictive. Hegel pourrait en avoir retenu l'essentiel, mais en partant de l'expérience historique plutôt que fictive : « *L'affirmation de cette exclusion des Juifs, même si elle a pu croire qu'elle avait entièrement raison, s'est avérée à l'expérience la plus folle.* » Cependant Spinoza juge-t-il, comme Hegel, que cette exclusion serait légitime à s'en tenir au « *droit formel* » ? Milner décèle dans le texte de Spinoza l'appel à une application rigoureuse, méthodique et dépassionnée d'un « *droit formel* » qui non seulement autoriserait, mais exigerait que disparaisse le nom juif. J'y décèle pour ma part tout le contraire, à savoir l'esprit, sinon la lettre de la formule de Marx : « *Si l'État évangélise lorsque, bien qu'État,* etc. » Un détail de l'œuvre de Spinoza est à ce sujet indicatif. Hegel considère que « *l'on aurait eu le droit formel de s'opposer à l'octroi des droits civils aux Juifs, puisque ceux-ci ne se considèrent pas seulement comme une communauté religieuse, mais comme appartenant à un peuple étranger* » ; Spinoza, pour sa part, explique au terme de son *Traité politique* (inachevé) que dans une démocratie les droits civiques sont le privilège de tous, sauf des étrangers, des esclaves et des femmes. Mais au sujet des étrangers, il précise que c'est parce qu'ils appartiennent déjà à un autre *imperium* qu'ils sont exclus de la citoyenneté : « *Je dis expressément "qui sont tenus par les seules lois de la patrie" pour exclure*

les étrangers, qui sont censés appartenir à l'imperium d'un autre.[1] »
Selon Spinoza, c'est donc seulement dans la mesure où les étrangers seraient déjà citoyens d'un premier État qu'ils ne peuvent être citoyens d'un second, tandis que Hegel paraît s'en tenir au fait d'appartenir « *à un peuple étranger* », fût-il sans État. Spinoza considère l'indivisibilité du droit, Hegel celle de la nation. Et à cet égard, Spinoza inaugure la tradition des Lumières, que radicalise Marx, tandis que Hegel demeure engoncé dans le romantisme allemand.

★

Sur la question juive signale la rupture de Marx avec Hegel, rupture qui porte donc notamment sur une question de droit formel. Mais, par ailleurs, il moule son propos dans celui de Bauer, les juifs n'étant rien d'autre que ce qu'en dit le préjugé théologique. Ouvrons une parenthèse à ce sujet. Les préjugés d'un philosophe – ceux de Marx ou de Heidegger, par exemple – n'entachent pas nécessairement sa pensée. Qu'on repère un préjugé xénophobe sous la plume d'un philosophe ne suffit pas à disqualifier ce qui relève chez lui de la pensée et non du préjugé, sinon aux yeux de qui ne sait pas distinguer un préjugé d'une pensée. Ainsi Marx, dans *Sur la question juive*, véhicule certes des préjugés, largement partagés en son temps, mais son texte n'en demeure pas moins politiquement décisif sur deux points : pour une part, il critique l'insuffisance du droit formel issu de la Révolution française ; pour une autre, il entérine l'acquis que ce droit représente et le défend contre les assauts de la Réaction, prît-elle le visage bonhomme d'une réflexion de Hegel sur l'expérience des méfaits de la persécution.

Tout cela paraît rendre bien difficile les distinctions notionnelles : si les préjugés de Marx relèvent de l'antijudaïsme,

1. Spinoza, *Traité politique*, trad. B. Pautrat, Paris, Allia, 2013, p. 142.

alors de quoi relève la prise de position de Bauer *contre* l'octroi des droits civiques aux juifs ? L'antijudaïsme prend de multiples formes selon les configurations historiques, et ses degrés sont divers, le point commun étant une animosité prononcée à l'encontre du judaïsme, et par extension des juifs qui le véhiculent. Sa forme la plus potentiellement criminelle est l'antisémitisme, soit l'animosité raciste envers les juifs. Dans sa forme raciste, quasi biologique, l'antijudaïsme n'a plus grand-chose à voir avec les paradigmes précédents, antique et chrétien. Le passage d'un antijudaïsme à un antisémitisme, certains voudraient pourtant le situer dans le passage de l'antiquité de Tacite au christianisme de Paul, au risque de paraître outranciers, voire exaltés. D'autres le situent plus volontiers dans le passage de l'Ancien Régime, où le préjugé s'exerce principalement du biais d'un paradigme théologique, au Nouveau Régime, celui de la modernité, où le préjugé s'exerce principalement du biais d'un paradigme sécularisé, au travers de perceptions politiques, économiques et sociales, enfin nationales. Le juif de l'Ancien Régime doit se convertir au christianisme s'il veut cesser de valoir un animal ; le juif moderne, celui de la finance notamment, doit changer de fonction politique, économique et sociale s'il veut cesser d'être un ennemi des classes populaires. Il y a le « *juif Nahmanide* » de *La Dispute de Barcelone*[1] et le « *juif Fould* » des *Luttes de classes en France*. Peut-on situer ici le passage d'un antijudaïsme à un antisémitisme ? Pas davantage. L'antisémitisme apparaît lorsque l'extériorité fondamentale du juif ne dépend ni d'un argument théologique ni d'un argument social, mais d'un argument racial, autrement dit raciste, lequel s'est formulé comme suit dans la première moitié du XXe siècle : quiconque est de race juive fait obstacle (dit que non) à l'*imperium* de la race aryenne. L'Allemagne nazie, avec le concours d'autres autorités européennes, mena une

1. Voir Nahmanide, *La Dispute de Barcelone*, Verdier, 1989.

guerre souterraine contre la « race juive » pour cette raison. Le nazisme s'efforça d'abord de soumettre la « race juive » en produisant un appareil de lois scélérates, puis il envisagea de l'expulser, enfin il l'assassina. L'antisémitisme était alors à son comble, comme était à son comble le dispositif de mise à mort : les chambres à gaz des *camps d'anéantissement de juifs*.

Si le nazisme a perdu la bataille de Stalingrad, puis la guerre, il a en revanche remporté la bataille d'Auschwitz[1]. Beaucoup ne s'en sont pas aperçus sur le moment, n'ayant d'yeux que pour Londres, Paris et Stalingrad. Ainsi Simone Weil, exilée à Londres, écrit *L'Enracinement* en 1943 et ne mentionne le nom juif que pour s'inquiéter de l'idéologie qu'il véhicule, à la fois impérialiste et raciale. L'impérialisme juif est évoqué dans un chapitre intitulé « Le déracinement ouvrier » :

> Des êtres vraiment déracinés n'ont guère que deux comportements possibles : ou ils tombent dans une inertie de l'âme presque équivalente à la mort, comme la plupart des esclaves au temps de l'Empire romain, ou ils se jettent dans une activité tendant toujours à déraciner, souvent par les méthodes les plus violentes, ceux qui ne le sont pas encore ou ne le sont qu'en partie. Les Romains étaient une poignée de fugitifs qui se sont agglomérés artificiellement en une cité ; et ils ont privé les populations méditerranéennes de leur vie propre, de leur patrie, de leur tradition, de leur passé, à un degré tel que la postérité les a pris, sur leur propre parole, pour les fondateurs de la civilisation sur ces territoires. Les Hébreux étaient des esclaves évadés, et ils ont exterminé ou réduit en servitude toutes les populations de Palestine. Les Allemands, au moment où Hitler s'est emparé d'eux, étaient vraiment, comme il le répétait sans cesse, une nation de prolétaires, c'est-à-dire de déracinés ; l'humiliation de 1918, l'inflation, l'industrialisation à outrance et surtout l'extrême gravité de la crise de chômage avaient porté chez eux la maladie morale à un degré d'acuité qui entraîne

1. Je me permets de renvoyer à ce sujet au livre *Qu'appelle-t-on penser Auschwitz ?* (Préface d'Alain Badiou, Lignes, 2009).

> l'irresponsabilité. Les Espagnols et les Anglais qui, à partir du XVIe siècle, ont massacré ou asservi des populations de couleur étaient des aventuriers presque sans contact avec la vie profonde de leur pays. Il en est de même pour une partie de l'Empire français, qui d'ailleurs a été constitué dans une période où la tradition française avait une vitalité affaiblie. Qui est déraciné déracine. Qui est enraciné ne déracine pas[1].

Quant à la notion de « race » véhiculée par le nom juif, elle est évoquée dans un chapitre intitulé « Le déracinement paysan ». Weil y recommande d'enseigner « *l'histoire religieuse* » dans les écoles, de « *lire aux enfants des passages de l'Écriture et par-dessus tout l'Évangile* », puis elle en vient aux autres religions que le christianisme. C'est alors qu'il est de nouveau question du « *judaïsme* » :

> Tout instituteur ou professeur qui le désirerait et qui aurait les connaissances et le talent pédagogique nécessaires serait libre de parler aux enfants non seulement du christianisme, mais aussi, quoi qu'en insistant beaucoup moins, de n'importe quel autre courant de pensée religieuse authentique. Une pensée religieuse est authentique quand elle est universelle par son orientation. (Ce n'est pas le cas du judaïsme, qui est lié à la notion de race)[2].

Le judaïsme, c'est donc une idéologie impériale et raciale, celle d'esclaves déracinés n'ayant d'autre vocation que de déraciner les peuples alentour. C'est pourquoi il ne doit surtout pas être enseigné aux enfants des écoles, ni plus ni moins, apparemment, qu'il ne conviendrait de leur enseigner le nazisme. Nous sommes alors en 1943 et si Weil ignorait peut-être l'étendue des massacres de juifs, elle ne pouvait pas ignorer l'existence de la critique biblique. Elle situe pourtant

1. S. Weil, *L'Enracinement*, Paris, Gallimard, 1949, rééd. Folio/Essais, p. 66.
2. *Ibid.*, p. 121.

l'impérialisme des esclaves hébreux sortis d'Égypte sur le même plan, *historique*, que l'impérialisme romain, espagnol, anglais, français ou nazi. Que les Hébreux aient « *exterminé ou réduit en servitude toutes les populations de Palestine* », voilà pourtant qui, à rigoureusement parler, est fictif, de même que la création du monde en six jours, la sortie d'Égypte ou le don de la Loi au mont Sinaï. Un rationaliste, en effet, considère ces récits comme des fables, à l'inverse de ceux des impérialismes romain, espagnol, anglais, français ou nazi, qui reposent sur des faits. Ignorant d'un côté le fait antisémite porté à son comble à Auschwitz, Weil, d'un autre côté, confère au mythe la valeur d'un fait : « [Les Hébreux] *ont exterminé ou réduit en servitude toutes les populations de Palestine* ». Est-ce, en 1943, l'affabulation d'une philosophe ou la vision d'une prophétesse ?

★

Dans un ouvrage intitulé *Qui est Dieu ?*, Jean Soler, instruit des états actuels de la critique biblique, synthétise ses propres recherches en la matière et conclut que le dieu des Hébreux mis en scène dans la Bible, excepté quelques menues retouches, est une idole nationale, et qu'en conséquence le culte des Hébreux est à rigoureusement parler une monolâtrie – l'adoration d'une unique idole – plutôt qu'un monothéisme. Le seul *ethos* qu'on y puisse trouver est une volonté farouche de suprématie impériale et raciale. Parvenu au terme de son étude, Soler s'efforce de montrer que l'eschatologie juive, fondée sur une vision binaire de l'histoire et de la société, a instruit le communisme de Marx, Engels et Lénine, tandis que son principe racial aurait instruit le nazisme d'Hitler et l'argument de *Mein Kampf* : « *Ainsi, c'est au nom du dieu des Juifs qu'Hitler a voulu écarter les Juifs de la route du peuple allemand !*[1] »

1. J. Soler, *Qui est Dieu ?*, Paris, éditions de Fallois, 2012, p. 111.

Pour nous sauver du communisme et du nazisme issus l'un et l'autre de Jérusalem, telles deux têtes surgies de l'hydre, Soler en appelle, ultimement, à une « *nouvelle Renaissance* » :

> Aujourd'hui que le rôle joué par la Grèce ancienne dans notre culture est de nouveau en voie de disparition, l'abandon du grec dans nos établissements scolaires y aidant, ne serait-il pas impératif de raviver le souvenir d'Athènes pour disposer d'outils intellectuels et d'exemples capables de contrebalancer l'influence de Jérusalem qui reste prépondérante, en dehors des églises, des synagogues et des mosquées, dans nos esprits et nos existences, d'autant plus aisément qu'elle n'est pas toujours identifiée comme telle ni perçue[1] ?

L'auteur invoque Athènes, parce que c'est des Grecs que sont issues la délibération, la parole dialogique et la démocratie :

> Les Grecs pensaient, pour leur part, surtout dans une cité démocratique comme Athènes, qu'il était possible d'amender une société au moyen de décisions collectives prises à l'issue de libres débats contradictoires où l'on choisit ce qui semble préférable sur telle question, à tel moment, dans telles circonstances, étant entendu qu'aucune loi n'est définitive. Ils avaient trop le sens des nuances, du relatif, de l'incertain, en bref de la pluralité, pour concevoir des doctrines de type absolu, appuyées sur des « *tout* », des « *systématiquement* », sur la « *nécessité* » ou une « *simplification* » conduisant à des vues schématiques et à des positions extrémistes[2].

On croirait que Soler prête à Jérusalem ce que Milner prête à Rome : un éloge des noms du *Tout*. Poursuivant sa comparaison entre Athènes et Jérusalem, Soler en vient à soutenir que la première cité ne conçoit la guerre que de façon défensive, à l'inverse de la seconde, impériale et raciale :

---

1. *Ibid.*, p. 115.
2. *Ibid.*, p. 107.

> Et ils ne concevaient pas la violence comme indispensable pour imposer leurs vues à ceux qui avaient le malheur de ne pas les partager. Ils préféraient la « persuasion » (*peitô*) à la « contrainte par la force » (*bia*), ils condamnaient la « démesure » (*hubris*), avec tout ce qui passe la « limite » (*péras*), et ils recherchaient par la négociation des arrangements capables d'éviter les conflits ouverts (*stasis*), même s'ils étaient prêts à faire la guerre en cas de besoin, la guerre défensive essentiellement – la seule qu'Aristote justifie –, comme les deux guerres qu'ils ont menées face à l'invasion des Perses, pour garder leur indépendance. Il n'y a jamais chez eux de guerre entreprise au nom d'une religion ou d'une idéologie totalitaire[1].

« Jérusalem » nommerait une logique révolutionnaire, totalitaire, belliqueuse et raciale, « Athènes » une logique réformiste, démocratique, pacifique et universaliste. La virulence du propos est certes symptomatique. Mais on a beau jeu de réduire la chose à une animosité prononcée à l'endroit de Jérusalem, sinon des juifs. Soler s'appuie sur les travaux de la critique biblique. C'est donc à ce sujet qu'il faut l'interroger. La critique biblique, mêlant archéologie et philologie, veut restituer les croyances des Hébreux, leur société et surtout l'histoire de leurs États successifs. Elle apprécie le sens exact d'un verset, d'un groupe de mots, d'un nom, à cette lumière. Pourtant, rien ne justifie de penser que les deux fils se recoupent, celui de l'histoire des États et celui de la signification des textes bibliques. L'histoire des États, d'Israël et de Judée, a pu être une histoire régie par le principe de la domination, impérialiste et raciale, sans que s'ensuive nécessairement que les textes hébreux sont régis par ce même principe. On peut en effet partir de l'hypothèse inverse, à savoir que les scribes hébreux étaient eux-mêmes « critiques ». Mais devant traiter ailleurs cette question[2], posons une autre

1. *Ibid.*
2. Dans *L'Écriture hébraïque de l'universel*, à paraître.

question, en quelque sorte préalable : Soler est-il lui-même un lecteur « critique » ?

Il interprète les textes bibliques à la lumière de l'histoire des États, telle que l'archéologie s'efforce de la reconstituer, et il conclut que le dieu des Hébreux (le tétragramme *yhvh*) est un dieu tribal, une idole nationale qui ne connaît qu'une seule loi : soumettre ou être soumis. Sa démonstration est-elle convaincante ? Plutôt que d'entreprendre une vaste étude comparée entre Athènes et Jérusalem, politique grecque et politique juive, de manière à déterminer les rapports matériels et idéologiques de l'une et l'autre cité avec la logique impériale et raciale, tenons-nous en aux principaux faits historiques avérés que rapporte l'auteur dans son livre. Le premier fait historique d'ampleur intervient dès l'introduction : l'hellénisation de la Judée. Il importe en effet à Soler de souligner d'emblée que le monothéisme est une idée tardive, née dans les esprits de quelque haut fonctionnaire judéen au cours du IIIe siècle avant J.-C., lorsque la Judée est déjà sous influence grecque : « *À l'époque où la culture hébraïque et la culture grecque sont entrées au contact l'une de l'autre, après la conquête de la Palestine par Alexandre, en 333 avant notre ère, les Juifs hellénisés se sont rendu compte que les Grecs ignoraient tout de leur peuple*[1]. » On apprend donc incidemment que c'est Athènes qui conquiert Jérusalem, comme elle conquiert le monde, du moins à s'en tenir au fait historique : « *la conquête de la Palestine par Alexandre, en 333 avant notre ère.* » Le second fait historique d'ampleur rapporté par Soler est la destruction du temple par les armées babyloniennes au VIe siècle avant J.-C., l'exil des Judéens à Babylone puis leur retour d'exil sous domination perse et la reconstruction du temple. Le reste de l'ouvrage est constitué pour l'essentiel d'interprétations de textes bibliques, jusqu'à ce que Soler mentionne un troisième fait historique d'ampleur, à savoir « *le génocide*

1. J. Soler, *Qui est Dieu ?*, *op. cit.*, p. 10.

des Juifs par les Allemands nazis[1] », fait qu'il interprète donc ainsi : « *c'est au nom du dieu des Juifs qu'Hitler a voulu écarter les Juifs de la route du peuple allemand.* » Est-ce également « *au nom du dieu des Juifs* » que Nabuchodonosor puis Alexandre ont conquis la Judée et exilé ou soumis ses habitants ? Si c'est peut-être le cas de Nabuchodonosor, ce n'est pas en revanche le cas d'Alexandre puisque, au sujet de l'impérialisme grec, Soler a d'abord expliqué que, loin de vouloir imiter les Juifs, « *les Grecs ignoraient tout de leur peuple* ». Et, quoi qu'il en soit des motivations de Nabuchodonosor, à s'en tenir aux principaux faits historiques avérés, la logique impériale et raciale ne procède donc pas tant de Jérusalem que de Babylone, Athènes ou Berlin. À s'en tenir, en revanche, aux interprétations de Soler, elle procède principalement de Jérusalem. Appelons cela une affabulation. En l'occurrence, il s'agit d'établir un jeu de relations entre faits et interprétations, de sorte que l'interprétation prime les faits, puis les scotomise.

⋆

On se souvient de la singulière observation de Spinoza au sujet des juifs, au terme du chapitre III de son *Traité théologico-politique* : « *Que la haine des nations soit précisément ce qui les fait subsister, l'expérience l'a déjà enseigné.* » Le philosophe apprécie alors les effets d'une haine qui porte sur « *l'exécrable superstition* » qu'observent les juifs, principalement la circoncision. Cette pratique, parce qu'elle sépare les juifs des autres hommes, suscite la haine, or la haine, parce qu'elle sépare les juifs, contribue à les préserver sous la forme d'une nation, « *tant d'années et sans État* ». Objets de la haine des nations, ils préfèrent demeurer juifs et valoir le prix d'un animal plutôt que se convertir et valoir le prix d'un homme. Spinoza s'occupe alors d'antijudaïsme, non d'antisémitisme. Que la haine

1. *Ibid.*, p. 112.

soit ce qui anéantit les juifs, plutôt qu'elle ne les conserve, l'expérience ne l'a pas encore enseigné en 1770. Mais elle est en train de l'enseigner en 1943. Et à suivre Weil, le nazisme est le miroir inversé du « *judaïsme* », dans l'exacte mesure où il « *est lié à la notion de race* ». On connaît la redoutable formule de Hitler : « *Il n'y a pas de place sur terre pour deux peuples élus.* » Weil, convertie de cœur au christianisme, veut pour sa part élire l'humanité ouvrière. Mais reste qu'en 1943, l'impérialisme des Hébreux (« *ils ont exterminé ou réduit en servitude toutes les populations de Palestine* ») est une fable, tandis que les impérialismes romains, puis musulmans, enfin européens (anglais, français, allemand) ne le sont pas. C'est ainsi qu'en 1943, l'antijudaïsme de Simone Weil et l'antisémitisme d'Adolphe Hitler s'affrontent à corps perdu de par le monde, tandis qu'on anéantit les juifs dans les chambres à gaz d'Auschwitz, autrement dit nulle part, ou tout au moins en un lieu du monde qu'on ne nomme pas, entre gens *civilisés*.

Je me plais à songer que, réfugié à Londres en 1943, Spinoza, plutôt que d'inviter les maîtres d'école à ne pas enseigner le judaïsme aux enfants, serait descendu dans la rue, revêtu de son manteau troué et peut-être coiffé d'une kippa, placardant sur les murs : « *Ultimi barbarorum* ».

II

« Il faut affirmer que l'usage de la négation, s'il est inévitable, doit être sévèrement contrôlé, et tenu en lisière par la puissance préalable d'une affirmation. »

Alain Badiou, *À la recherche du réel perdu*

Au sortir de la guerre, en 1947, les Nations Unies (r)établissent l'*imperium* des Hébreux. Les cibles privilégiées du nazisme sont à présent dotées d'un État institué légalement, avec, côte à côte, un État palestinien. Un an plus tard, le sionisme est militairement victorieux, l'État palestinien inexistant. Les termes de la « question juive » en sont considérablement modifiés.

Dès que les vagues d'immigration juive en Palestine, commencées en 1881 à la suite d'une série de pogroms en Russie, sont apparues aux yeux des indigènes non plus un accident de la fortune, mais un projet méthodiquement mené de colonisation, d'expropriation et de domination, ils ont commencé de s'opposer au sionisme, devenant par là même antisionistes. Après la première guerre mondiale et jusqu'en 1947, la Grande-Bretagne, puissance impériale mandatrice suite au démantèlement de l'Empire ottoman, bat le chaud et le froid en Palestine, prenant tantôt appui sur les sionistes, tantôt sur les antisionistes. Mais de fait, depuis la déclaration de Lord Balfour en 1917 évoquant la création d'un « *foyer national pour le peuple juif* » en Palestine, jusqu'à la conquête militaire israélienne – partielle en 1948, totale en 1967 – des terres attribuées à l'État palestinien lors du partage de l'ONU, l'antisionisme indigène n'a cessé d'être vaincu et le sionisme d'être victorieux, si bien que se verrait réalisée la vision de Weil en 1943 : « [Les Hébreux] *ont exterminé ou réduit en servitude toutes les populations de Palestine.* » On pourrait dorénavant accréditer l'affabulation.

À l'antisionisme, certains s'adonnent avec mesure, d'autres avec démesure. L'antisioniste déraisonne sûrement lorsqu'il attribue aux colons juifs l'extermination des populations indigènes de Palestine, lesquelles n'ont cessé d'augmenter en nombre depuis l'arrivée des premiers sionistes. En 1918, on dénombrait 600 000 indigènes en Palestine ; en 2002, on dénombrait 4,2 millions de Palestiniens à l'intérieur des frontières de la Palestine mandataire et 3,5 millions en dehors, soit un total de 7,7 millions de Palestiniens[1]. Cela n'empêche pas Gilles Deleuze, en septembre 1983, dans un article à la gloire de Yasser Arafat, de conclure au « *génocide* » :

> C'est un génocide, mais où l'extermination physique reste subordonnée à l'évacuation géographique : n'étant que des Arabes en général, les Palestiniens survivants doivent aller se fondre avec les autres Arabes. L'extermination physique, qu'elle soit ou non confiée à des mercenaires, est parfaitement présente. Mais ce n'est pas un génocide, dit-on, puisqu'elle n'est pas le « but final » : en effet, c'est un moyen parmi d'autres[2].

Le philosophe pèse ses mots : « *C'est un génocide.* » Qu'il soit subordonné à « *l'évacuation géographique* » n'y change rien. C'est un « *moyen* », non « *le but final* », mais ce « *moyen* » est donc le « *génocide* » et le philosophe n'entend pas se perdre dans une vaine casuistique. Vraisemblablement ému par l'écho encore vif des cris d'enfants, de vieillards et de femmes de Sabra et Chatila (septembre 1982), la chose est

1. D'après Youssef Courbage, « La démographie des Palestiniens », in *Le Droit au retour. Le problème des réfugiés*, Arles, Actes Sud, coll. « Sinbad », 2002, p. 204.
2. « Grandeur de Yasser Arafat », in G. Deleuze, *Deux Régimes de fous. Textes et entretiens. 1975-1985*, Minuit, 2003, p. 222-223. Le texte parut dans un numéro de la *Revue d'études palestiniennes* en 1984.

désormais acquise à ses yeux : il s'agit bel et bien d'exterminer les Palestiniens, si besoin est.

Au risque de paraître glacial, rappelons brièvement les faits : les « *mercenaires* » en question étaient des phalangistes (une milice fasciste et chrétienne du Liban) ; après le départ pour Tunis des Palestiniens armés, sommés par les Israéliens de quitter Beyrouth, ils pénétrèrent dans les camps de réfugiés de Sabra et Chatila et assassinèrent les enfants, les femmes et les vieillards (plusieurs centaines de morts selon certains, plusieurs milliers selon d'autres[1]) ; la commission Kahn, en Israël, accusa Ariel Sharon de les avoir laissé agir, sinon encouragés, et une marche populaire à Tel Aviv exigea sa démission du ministère de la Défense. Mais quoi qu'il en soit des responsabilités des uns et des autres dans ce crime lâche et odieux, des 600 000 indigènes vivant en Palestine en 1918, il en restait donc, en 2002, plus de quatre millions sur le territoire dominé par l'État « juif » et beaucoup d'autres à ses frontières. Le « *génocide* » n'est manifestement pas le fort des sionistes, d'autant que, dans l'Histoire, les exemples de populations indigènes anéanties par des colons ne manquent pas. Et il faut donc s'y résoudre : le philosophe, à ce sujet, déraisonne.

Il y a cependant un autre versant à l'antisionisme, éminemment raisonnable celui-là, puisqu'il s'en tient au fait de la domination des colons juifs sur les populations indigènes, fait historique, matériel, difficilement contestable en effet, d'abord en 1948 avec l'exil forcé de centaines de milliers de Palestiniens, puis en 1967 avec l'occupation de Jérusalem Est, de la Ci-Jordanie et de Gaza. La question posée est donc celle d'une domination des Juifs israéliens sur les Arabes palestiniens, et en produire une analyse instruite ne devrait pas être insurmontable. Pourtant, à ce sujet, raison et déraison s'imbriquent singulièrement. Il importe donc d'y regarder de plus près. Plutôt qu'un procès, appelons cela une étude.

---

1. Les estimations vont de 450 à 3 500 morts selon les sources.

★

Tandis qu'apparaissent les premières formes d'antisionisme indigène en Palestine, se développe en Europe un antisionisme issu de la radicalité politique, les puissances libérales, conservatrices ou réactionnaires, se contentant, au sujet du sionisme comme à tout autre sujet, de poursuivre leurs intérêts impériaux (comme fit l'Angleterre). Dans les parages de la radicalité politique, notamment polonaise et russe, les juifs abondent. Les uns se rallient à l'antisionisme, d'autres au sionisme. Les seconds commencent d'être gagnés par les idéaux du nationalisme, puis, l'occasion faisant le larron, du colonialisme, tandis que les premiers conçoivent une politique révolutionnaire, internationaliste et prolétarienne. Ainsi le Bund prend-il position dès 1898, soit un an après le congrès sioniste de Bâle, en qualifiant le sionisme de « *réaction de la classe bourgeoise juive contre l'antisémitisme et la privation de droits civiques*[1] ». Juifs sionistes et antisionistes s'accordent sur la pérennité d'un antijudaïsme qui, de l'affaire Dreyfus à l'affaire Beilis (qui voit resurgir en Russie l'accusation de crime rituel), traverse toute l'Europe et commence de drainer un racisme semblable à celui qui sévit contre les « Noirs » aux États-Unis. Ce qui oppose les uns et les autres, sionistes et antisionistes, est la question de savoir si s'affranchir ici d'un « *État qui évangélise* », là d'une politique antisémite, passe par le rétablissement de l'*imperium* des Hébreux ou par la transformation égalitaire de la société. Les révolutionnaires, Léon Trotski en tête, étaient donc antisionistes, parce qu'ils luttaient pour l'émancipation politique, économique et sociale, toujours, partout, par tous, et non pour le rétablissement en Palestine d'un *imperium* des Hébreux. Mais le fait est qu'en Europe « *l'antisémitisme et la privation des droits* » l'ont finalement emporté sur la révolution

1. Cité in Léon Trotski, *Question juive. Question noire.* Textes présentés par Danièle Obono et Patrick Silberstein, Syllepse, 2011, p. 41.

sociale, et les communautés juives d'Europe ont été anéanties. Puis, au sortir de la guerre et du génocide, les juifs ont obtenu un État, d'abord légalement institué par l'ONU (1947), enfin imposé par les armes (1948). L'observation de Spinoza au sujet du possible rétablissement de leur *imperium* s'est avérée prophétique : « *Lorsque l'occasion leur en sera donnée, comme les choses humaines sont changeantes,* [les Juifs] *rétabliront leur imperium.* » Rousseau, dans le sillage de Spinoza, observe que l'établissement de la vérité en matière théologique dépend principalement d'un rapport de force politique :

> Connoissez-vous beaucoup de chrétiens qui aient pris la peine d'examiner avec soin ce que le Judaïsme allègue contre eux ? Si quelques uns en ont vû quelque chose c'est dans les livres des Chrétiens. Bonne manière de s'instruire des raisons de leurs adversaires ! Mais comment faire ? Si quelqu'un osoit publier parmi nous des livres où l'on favoriseroit ouvertement le Judaïsme nous punirions l'Auteur, l'Éditeur, le libraire. Cette police est commode et sure pour avoir toujours raison. Il y a plaisir à réfuter des gens qui n'osent parler. Ceux d'entre nous qui sont à portée de converser avec des Juifs ne sont guère plus avancés. Les malheureux se sentent à notre discrétion ; la tirannie qu'on exerce envers eux les rend craintifs ; ils savent combien peu l'injustice et la cruauté coûtent à la charité chrétienne ; qu'oseront-ils dire sans s'exposer à nous faire crier au blasphème ? L'avidité nous donne du zèle, et ils sont trop riches pour n'avoir pas tort. Les plus savants, les plus éclairés sont toujours les plus circonspects. Vous convertirez quelque misérable payé pour calomnier sa secte ; vous ferez parler quelques vils frippiers qui cèderont pour vous flater ; vous triompherez de leur ignorance ou de leur lâcheté tandis que leurs Docteurs soûriront en silence de vôtre ineptie. Mais croyez-vous que dans les lieux où ils se sentiront en sûreté l'on eut aussi bon marché d'eux ? En Sorbonne il est clair comme le jour que les prédictions du Messie se rapportent à Jésus-Christ. Chez les Rabbins d'Amsterdam il est tout aussi clair qu'elles n'y ont pas le moindre raport. Je ne croirai jamais avoir bien

> entendu les raisons des Juifs qu'ils n'aient un État libre, des écoles, des universités où ils puissent parler et disputer sans risque. Alors seulement nous pourrons savoir ce qu'ils ont à dire. À Constantinople les Turcs disent leur raison, mais nous n'osons dire les nôtres ; là c'est notre tour de ramper. Si les Turcs exigent de nous pour Mahomet auquel nous ne croyons point le même respect que nous exigeons pour Jésus-Christ des Juifs qui n'y croient pas davantage, les Turcs ont-ils tort, avons-nous raison ? Sur quel principe équitable résoudrons-nous cette question[1] ?

Constatant que les disputes théologiques ont pour raisons dernières un argument d'autorité, si bien que les juifs rampent devant les raisons des chrétiens en terre chrétienne, quand les chrétiens rampent devant les raisons des Turcs en terre turque, le philosophe conclut : « *Je ne croirai jamais avoir bien entendu les raisons des Juifs qu'ils n'aient un État libre, des écoles, des universités où ils puissent parler et disputer sans risque.* » C'est l'argument sioniste : disposer d'un État dans lequel « *les raisons des Juifs* » n'aient pas à se soumettre à l'argument d'autorité des chrétiens ou des Turcs. Car, que ce soit en terre chrétienne ou musulmane, les juifs ont été soumis aux « *raisons de leurs adversaires* », c'est un fait historique, matériel, singulièrement massif.

Il est toutefois une autre manière de concevoir un « *principe équitable* » : on peut certes appeler à ce que les juifs, comme les chrétiens et les Turcs, disposent d'un « *État libre* », mais on peut également soutenir, toujours dans le sillage de Spinoza, que « *la liberté de philosopher non seulement peut être accordée sans dommage pour la piété et la paix de la république, mais aussi qu'on ne peut l'ôter sans ôter en même temps la paix de la république et la piété*[2] ». Cette autre voie est celle de l'éman-

1. J.-J. Rousseau, *Profession du Vicaire savoyard*, Gallimard, coll. « Folio », 1969, p. 118-119 (Livre IV de *L'Emile*).
2. C'est le sous-titre du *Traité théologico-politique* : « Plusieurs dissertations qui montrent que la liberté etc. »

cipation politique, poursuivie par la Révolution française, puis par Marx, enfin durablement instituée par la séparation de l'Église et de l'État sous la IIIe République (1905, loi Briand) : « *La République assure la liberté de conscience* », « *garantit le libre exercice des cultes* » (article 1), mais « *ne reconnaît, ne salarie ni ne subventionne aucun culte* » (article 2). Plutôt qu'il n'y ait des États chrétiens, des États musulmans et un État juif, les révolutionnaires juifs et non-juifs s'orientent suivant ces deux principes éminemment spinozistes : liberté de philosopher et indépendance de l'autorité politique à l'égard des autorités théologiques et ethniques. Un an après la loi Briand, un décret de la cour de cassation réhabilite le capitaine Dreyfus. Mais au même moment, en Russie, la contre-révolution de 1905 ouvre la voie aux pogroms : « *On comptera en effet sept cents pogroms en 1905-1906 à la suite de la défaite de la révolution*[1] ». Et si les convictions religieuses perdent de leur influence politique en France et en Allemagne, les convictions xénophobes gagnent la leur avec la montée des nationalismes en Europe. Or, le trait saillant du nom juif aux yeux des nationalistes européens est son « *extériorité fondamentale à la nation* ». Le problème est donc posé à nouveaux frais, et sa solution mène aux chambres à gaz.

Il a cependant existé une troisième voie, différente du chemin révolutionnaire qui mena Trotski en exil au Mexique, et différente du chemin nazi qui mena les juifs aux chambres à gaz : le chemin sioniste vers la Palestine. Car le problème juif, le sioniste le pose en ces termes : « *– Si les Juifs en tant que minorité avaient les mêmes privilèges que ceux que vous promettez aux Arabes en tant que minorité, vous estimeriez-vous satisfaits ? - Non, Monsieur, répondit Golda Meyerson. Car il faut qu'il y ait un endroit au monde où les Juifs ne soient pas une minorité.* » C'est la retranscription d'un dialogue entre un membre de la dernière commission anglo-américaine qui enquêta en Palestine en

1. L. Trotski, *Question juive. Question noire*, *op. cit.*, Introduction, p. 39.

1946 et Golda Meir (Golda Meyerson[1]). La réponse de Golda Meir formule l'argument sioniste, son axiome : « *qu'il y ait un endroit au monde où les Juifs ne soient pas une minorité.* » La minorité juive est en effet susceptible d'être haïe, persécutée, expulsée, assassinée, toujours, partout, par tous. Il suffirait par exemple que le fin vêtement de l'égalité laïque et républicaine se déchire pour que réapparaisse le corps d'un ancien antagonisme, d'abord xénophobe, puis théologique, enfin racial ; d'où l'argument sioniste : « *il faut qu'il y ait un endroit au monde où les Juifs ne soient pas une minorité.* »

Mais la résolution sioniste du problème juif posait elle-même un problème, puisque, de fait, en Palestine, les juifs étaient une minorité. Pour le résoudre, il fallait ou bien qu'un maximum de juifs gagnent la Palestine jusqu'à ce que, sur une portion substantielle du territoire, ils ne soient plus une minorité, ou bien que des indigènes soient déplacés, ou bien encore les deux. Hanna Arendt juge, dans un article daté de 1950, que les cadres dirigeants sionistes concevaient depuis au moins 1942 le déplacement de populations indigènes comme un moindre mal : « *Le programme du Biltmore en 1942 a officiellement formulé pour la première fois les objectifs politiques des Juifs : un État juif unitaire en Palestine avec l'octroi de certains droits des minorités aux Arabes de Palestine qui composaient encore la majorité de la population palestinienne. Simultanément le mouvement sioniste envisageait et débattait ouvertement du transfert des Palestiniens arabes vers des pays voisins.*[2] » C'est avec la guerre de 1948 qu'intervient l'exil forcé de centaines de milliers de Palestiniens, hommes, femmes et enfants (entre 700 000 et 800 000 personnes

---

1. D'après Marie Syrkin, *Golda Meir*, cité par Maxime Rodinson in *Peuple juif ou problème juif ?*, *op. cit.*, p. 216.
2. H. Arendt « La paix ou l'armistice au Proche-Orient », in *Auschwitz et Jérusalem*, trad. de S. Courtine-Denamy, Deuxtemps Tierce, coll. « Agora », 1991, p. 177.

déplacées). Au regard du rapport démographique entre juifs et Arabes qui prévalait à la veille du conflit, quasiment de 50/50 dans les frontières de l'État « juif » (« juif » par différence avec l'État « arabe » qui lui était juxtaposé sur le papier), le vœu sioniste qui, en définitive, s'est réalisé par la voie des armes n'était donc pas tant celui formulé par Golda Méïr en 1946 – « *un endroit au monde où les juifs ne soient pas une minorité* » – qu'un autre vœu, alternatif à celui-ci, ou plutôt sous-jacent, implicite, mi-dit, à savoir *un endroit au monde où les juifs soient une majorité.* Et relativement à ce vœu, la guerre déclenchée par les pays arabes voisins contre l'État d'Israël tout nouvellement créé fut une aubaine. Car, en affrontant la coalition des armées arabes d'une part (sur le versant héroïque), en expulsant les habitants palestiniens d'autre part (sur le versant obscène), dans les frontières que le jeune État a dessinées par les armes, le rêve est devenu réalité : *un endroit au monde où les juifs soient une majorité.* Mais à la *Shoah* faisait dorénavant pendant la *Nakbah*, le rêve des uns devenant le cauchemar des autres…

★

Comment Léon Trotski concevait-il précisément les termes du problème et de sa solution avant que l'Histoire ne prenne un cours inexorable ? Il expose ses vues sur la question juive en 1934 lors d'un entretien au journal militant américain *Class struggle* :

> – Le Parti communiste officiel a caractérisé sans hésitation les événements qui opposèrent les Juifs et les Arabes en Palestine en 1929, comme le soulèvement révolutionnaire des masses arabes opprimées. Que pensez-vous de cette analyse ? – Malheureusement, je n'ai pas une connaissance suffisante des faits pour me risquer à formuler une opinion catégorique. Pour le moment, je suis en train d'étudier la question. Ensuite, il me sera plus facile de juger dans

> quelle mesure se trouvaient en présence des éléments tels que les forces de libération nationales anti-impérialistes, les mahométans réactionnaires et les antisémites fauteurs de pogroms. À première vue, il me semble que tous ces éléments étaient présents. – Que pensez-vous de la Palestine en tant que patrie éventuelle pour les juifs et que pensez-vous d'un pays en général pour les juifs ? Ne croyez-vous pas que l'antisémitisme du fascisme allemand contraint les communistes à envisager différemment la question juive ? – L'État fasciste allemand tout comme le conflit judéo-arabe confirment avec évidence le principe que la question juive ne peut être résolue dans le cadre du système capitaliste. J'ignore si la population juive sera reconstituée en tant que nation. En tout cas, il ne fait aucun doute que les conditions matérielles nécessaires à l'existence des Juifs en tant que nation indépendante ne pourraient être offertes que par la révolution prolétarienne. L'idée qu'une nation peut prétendre plus qu'une autre au droit à un pays nous est complètement étrangère. On ne peut concevoir cette installation de base territoriale pour les Juifs en Palestine ou dans tout autre pays qui ne s'accompagne de migrations d'importantes masses humaines. Seul le socialisme victorieux peut se charger de pareille tâche. On peut prévoir que cela se produira soit sur la base d'une compréhension mutuelle, soit avec l'aide d'une sorte de tribunal prolétarien international qui pourrait prendre en main cette question et la résoudre. La voie sans issue où se trouve engagée la population juive en Allemagne est, tout comme le sionisme, indissolublement liée à la voie sans issue du capitalisme mondial dans son ensemble. Les travailleurs juifs ne seront préservés du pessimisme et du désespoir que lorsqu'ils auront une vision claire de cette interrelation[1].

Tandis que le « *Parti communiste officiel* » a pris fait et cause pour « *les Arabes* » contre « *les Juifs* », Trotski est plus mesuré, décelant parmi les antisionistes indigènes trois composantes : « *les forces de libération nationales anti-impérialistes,*

---

1. L. Trotski, *Question juive. Question noire*, *op. cit.*, p. 116-117.

les mahométans réactionnaires et les antisémites fauteurs de pogroms. » Ce que l'organe officiel du stalinisme décrit comme « *le soulèvement révolutionnaire des masses arabes opprimées* », Trotski le décrit donc, « *à première vue* », comme un phénomène imbriqué, et surtout divisé. Car s'il est clair que Trotski est aux côtés des « *forces de libération nationales anti-impérialistes* », il est non moins clair qu'il est opposé aux « *mahométans réactionnaires* » et plus encore aux « *antisémites fauteurs de pogroms* ». La question est dès lors de savoir s'il distingue parmi certains courants sionistes autre chose qu'une « *réaction de la classe bourgeoise juive* », autrement dit s'il distingue également parmi les sionistes des forces de libération nationales anti-impérialistes, outre des israélites réactionnaires et des racistes fauteurs de pogroms. Trotski n'aborde pas la question des divisions internes au sionisme. Mais il pose d'emblée un principe : le droit à un pays est égal pour tous. *(« L'idée qu'une nation peut prétendre plus qu'une autre au droit à un pays nous est complètement étrangère »)*. Et il ajoute une remarque : « *On ne peut concevoir cette installation de base territoriale pour les Juifs en Palestine ou dans tout autre pays qui ne s'accompagne de migrations d'importantes masses humaines.* »

En 1934, à la question de savoir ce qu'il pense d'un « *pays pour les juifs* », Trotski ne répond donc pas que c'est un projet colonial, impérialiste et génocidaire ; il répond deux choses : la première, c'est qu'il « *ignore si la population juive sera reconstituée en tant que nation* » ; la seconde, c'est qu'un « *pays pour les juifs* » suppose « *le socialisme victorieux* », sans quoi s'ensuivraient sûrement de graves injustices pour d'autres que les juifs. Que faire en attendant « *le socialisme victorieux* » ? « *Pour le moment, je suis en train d'étudier la question.* » Hélas, avant qu'il n'ait pu rendre son rapport à la classe prolétarienne, Trotski fut assassiné par un homme de main de Staline. Ayant eu le temps d'étudier la question, Arendt distinguait pour sa part, au cours de l'article déjà évoqué, deux « *tendances distinctes* » dans le sionisme :

> Depuis le début le sionisme recélait deux tendances distinctes qui ne se rencontraient que sur la nécessité d'un Foyer national juif. La tendance victorieuse, la tradition de Herzl, trouvait sa principale impulsion dans la conception de l'antisémitisme comme un phénomène « éternel » présent dans tous les pays de la Diaspora juive. Elle était fortement influencée par les petits mouvements de libération nationale du XIXe siècle et niait la possibilité que les Juifs survivent ailleurs qu'en Palestine, et dans d'autres conditions que celles d'un État juif souverain. L'autre tendance, qui remonte à Ahad Haam, voyait dans la Palestine le centre culturel juif qui inspirerait le développement spirituel de tous les juifs des autres pays, mais sans nécessiter l'homogénéité ethnique et la souveraineté nationale. Dès 1890, Ahad Haam avait mis l'accent sur la présence en Palestine d'une population arabe d'origine et sur la nécessité de la paix. L'objectif que se fixèrent ceux qui le suivirent n'a jamais été de rendre la « Palestine aussi juive que l'Angleterre est anglaise » (pour reprendre les termes de Weizmann) car il leur semblait plus important pour le renouveau du mouvement d'installer un centre d'enseignement supérieur plutôt que de fonder un État. La réalisation la plus importante de la tradition issue de Herzl est l'État juif ; elle eut lieu (comme Ahad Haam le craignait à la fin du XIXe siècle et comme Judah L. Magnes l'avait prévu depuis plus de vingt-cinq ans), au prix d'une guerre entre juifs et arabes. La plus importante réalisation de la tradition d'Ahad Haam est l'Université hébraïque[1].

Au sujet de la dualité sioniste qu'évoque Arendt (Herzl et Weizmann d'un côté, Haam de l'autre), on sait l'observation de Rousseau : « *À Constantinople les Turcs disent leur raison, mais nous n'osons dire les nôtres ; là c'est notre tour de ramper.* » Comment Haam concevait-il le rayonnement d'une université hébraïque dans un État où les juifs auraient constitué une minorité ? N'y a-t-il donc pas d'autre solution, pas d'autre

1. H. Arendt, *Auschwitz et Jérusalem*, *op. cit.*, p. 191-192.

« *principe équitable* » que de voir ramper tantôt les uns, tantôt les autres, selon les temps et les lieux ? L'autre tendance du sionisme, celle de Weizmann, en concluait à la nécessité de parvenir à « *l'homogénéité ethnique et la souveraineté nationale* ». Haam, et d'autres après lui, dont Buber ou Magnes, n'étaient cependant pas de doux rêveurs ; ils comprenaient qu'à moins de se résoudre à un interminable conflit, il leur fallait bâtir une entente judéo-arabe, parvenir à une compréhension mutuelle fondée sur quelques grands principes partagés : *liberté de philosopher ; développement matériel et spirituel du pays au bénéfice de tous ses habitants ; complète égalité de droits sociaux et politiques de tous les citoyens, sans distinction de croyance, de race ou de sexe ; liberté de conscience, de culte, d'éducation et de culture ; sauvegarde et inviolabilité des Lieux saints et des sanctuaires de toutes les religions.*

Lorsqu'en 1947, suite à un vote des Nations Unies, la Palestine est divisée en deux États, « juif » et « arabe », laquelle des deux tendances du sionisme l'a emporté est une question qui pour l'essentiel demeure en suspens. C'est lors de la guerre de 1948 que le vœu d'un endroit au monde où les juifs soient une majorité – ce qui suppose d'avoir en ligne de mire une « *homogénéité ethnique* » – prend le pas sur le vœu d'un endroit au monde où les juifs ne soient pas une minorité – ce qui supposait en revanche une entente judéo-arabe, laquelle s'avérerait en effet nécessaire dans un État « juif » qui, à s'en tenir aux termes du partage de l'ONU en 1947, aurait été constitué quasiment pour moitié d'Arabes palestiniens :

> Dans l'État juif allaient se trouver 498 000 Juifs et 407 000 Arabes. Le sous-comité avait accepté ce qu'affirmait l'UNSCOP, à savoir que ce déséquilibre allait être corrigé par l'arrivée des réfugiés en provenance d'Europe. Les superpuissances s'étaient même mises d'accord pour attribuer aux Juifs un port franc pour permettre l'immigration pendant la période de transition. Cette concession

> se révélera encore plus profitable aux Juifs que prévu, car elle permettra l'importation facile d'armes et de munitions[1].

Ilan Pappé, commentant l'immigration prévisible « *des réfugiés juifs en provenance d'Europe* », en souligne les implications politiques et bientôt militaires : il s'agit de justifier la création sur le papier d'un État « juif » en 1947 malgré l'absence d'homogénéité ethnique, puis de l'imposer par les armes. Mais il demeure donc qu'à la veille de la guerre de 1948, la tendance progressiste représentée par Buber, Magnes et d'autres était encore susceptible de l'emporter politiquement à l'intérieur des frontières de l'État « juif », où plus de quatre habitants sur dix étaient arabes. À condition de sceller une alliance avec les forces arabes anti-impérialistes, et de combattre ensemble les Mahométans-Israélites réactionnaires et les fauteurs de pogroms quels qu'ils soient, l'État « juif » inscrit sur le papier pouvait se muer en une entente judéo-arabe. Hélas, la logique réactionnaire l'a emporté : les États arabes avoisinants, poursuivant leurs intérêts propres, celui d'un petit impérialisme régional, ont déclenché la guerre en 1948 et ce fut une aubaine pour l'autre tendance du sionisme, qui bon gré mal gré sut concilier l'impératif héroïque avec un autre impératif, celui-là obscène : l'homogénéité ethnique. Le projet d'une souveraineté nationale juive est ainsi devenu, au sortir de la guerre d'indépendance, un fait accompli : *un endroit au monde où les juifs soient une majorité* – si bien qu'en ce lieu du monde, aussi étroit et démuni fût-il, ce soit enfin au tour des chrétiens et des musulmans de ramper devant les raisons des juifs.

⋆

1. I. Pappé, *La Guerre de 1948 en Palestine. Aux origines du conflit israélo-arabe*, 1992, trad. M. Luxembourg, La Fabrique, 2010, p. 65.

Après la découverte des chambres à gaz d'Auschwitz, le sionisme de Weizmann disposa d'un argument moral d'une puissance inouïe, quasi théologique : il était devenu indécent, vu l'ampleur du crime nazi, de remettre en question « *cette installation de base territoriale pour les Juifs en Palestine* », eût-elle pour prix des « *migrations d'importantes masses humaines* », d'autant qu'il s'agirait d'Arabes… La réaction bourgeoise européenne donna un blanc-seing à la réaction coloniale juive. C'est du moins ce qu'on retient communément, non sans quelque raison, certes, mais le tableau est partiel. Dans le contexte régional de l'époque, celui de la dislocation de l'Empire ottoman, les souverainetés nationales se bâtissent sur la base d'une homogénéité ethnique, et la guerre est l'occasion de faire le « ménage[1] ». Ce fut notamment le cas en Turquie où selon certaines estimations près de 1,5 million d'Arméniens furent assassinés entre 1915 et 1916 dans le seul but d'asseoir une homogénéité ethnico-religieuse en Anatolie, et par la même occasion d'y réduire à néant toute velléité nationale arménienne. C'était un génocide encore artisanal, mais déjà méthodique. Outre les crimes de masse, on procède également à des déplacements de population pour homogénéiser un territoire. Évoquant la politique turque à l'égard des minorités religieuses au sortir de la Première Guerre mondiale, un historien écrit :

> Pour les populations non musulmanes, d'autres solutions sont mises en œuvre afin d'assurer à la fois leur protection et l'homogénéité ethnique nationale des nouveaux États. Le déplacement des populations est l'une d'elles avec, par exemple, un chassé-croisé entre les chrétiens grecs orthodoxes

---

1. En témoigne l'expulsion des Arabes de Galilée durant la guerre de 1948, nommée « Opération balai » par le commandement israélien. Voir à ce sujet le documentaire coréalisé par Michel Khleifi et Eyal Sivan, *Route 181*, et le livre que nous y avons consacré : *L'Intellectuel compulsif*, Paris, Lignes, 2015.

> de Turquie et les musulmans de Grèce, qui concerne directement ou indirectement des millions de personnes. Aux niveaux social et démographique, cet échange marque le passage de l'ère des Empires à celle des États-nations. Il confirme aussi la superposition des loyautés religieuses et nationales, puisqu'il s'agit de construire de nouvelles sociétés nationales par le déplacement forcé de centaines de milliers de personnes selon un critère d'appartenance religieuse[1].

Ce sont de tels précédents historiques qui servent d'arguments aux négociateurs israéliens sur la question des « réfugiés » : les Palestiniens repoussés par les Israéliens hors de Palestine entre 1948 et 1967 auraient été « échangés », par une sorte de « chassé-croisé », avec les juifs repoussés des pays arabes durant la même période, sachant que près de 700 000 juifs orientaux[2], principalement issus des pays arabes, ont émigré vers Israël après 1948. On peut contester le bien-fondé de l'argument, et même le juger sévèrement, mais le fait est que l'expulsion de près de 800 000 civils palestiniens en 1948 s'inscrit, hélas, dans un contexte historique et régional où le recours aux migrations forcées est récurrent, comme le rappelle un autre historien :

> Les migrations forcées que connaît la région engagent des processus spécifiques. Elles n'induisent pas seulement la formation de communautés dans les pays d'arrivée, mais aussi des revendications politiques qui conduisent à la formation de diasporas, de communautés partageant une

---

1. A. Dalachanis ; « Confessions et minorités », in *Le Moyen-Orient. Fin XIXe-XXe*, sous la direction de Leyla Dakhli, Paris, Seuil, 2016, p. 86.
2. « *Après l'exode de la population arabe palestinienne durant la guerre de 1948, 700 000 juifs, principalement originaires du monde arabe (mizrahim), sont venus s'installer dans le pays* » (P. Bourmaud, « Les marginaux », in *Le Moyen-Orient*, *op. cit.*, p. 179). Les 700 000 juifs n'ont pas tous été repoussés de leur pays d'origine, mais la plupart ont été conduits à partir du fait de la guerre israélo-arabe.

> mémoire traumatique et éventuellement nourrissant l'imaginaire d'un retour à une terre d'origine. Une première phase, qui recouvre surtout la période 1876-1948, est marquée par l'intensification des expulsions. C'est le cas des musulmans dans les Balkans et le Caucase, des Arméniens, mais également des Assyro-Chaldéens du Tur Abdin et du Hakkari déportés et massacrés en 1917, de ceux du nord de l'Irak expulsés en 1933, des Grecs d'Asie Mineure entre 1920 et 1923, des Palestiniens en 1948, et encore des non-musulmans d'Istanbul en 1955 ainsi que des Grecs du nord de Chypre en 1974. La liste n'est pas exhaustive[1].

Philippe Bourmaud relève dans un autre article que les expulsions sont conçues comme définitives, autrement dit sans droit au retour : « *La Turquie kémaliste s'oppose à la réinstallation des populations déportées depuis 1914 (Grecs, Arméniens mais aussi, en 1925, Kurdes) et des indésirables, ennemis politiques du régime*[2] ». Si aux yeux d'un révolutionnaire la banalité du mal n'est pas un argument, reste qu'il s'amuse donc des apôtres de son exceptionnalité, quels qu'ils soient.

★

Depuis la guerre des six jours (1967) et l'occupation israélienne de la totalité de la Palestine mandataire, la question palestinienne s'est imposée comme un marqueur, une sorte de schibboleth, discriminant entre les forces de la bourgeoisie coloniale et celles de la décolonisation indigène. Le philosophe Alain Badiou, après Gilles Deleuze, en témoigne. Depuis 1968, il s'efforce de poursuivre méthodiquement l'orientation rationaliste et révolutionnaire qui, de Spinoza à Marx, Trotski et Weil, combat la Réaction. Dans son opuscule *Portées du mot « juif »* paru en 2005, il appelle à

1. P. Bourmaud, « Les migrations », in *Le Moyen-Orient. Fin* XIX*e*-XX*e*, *op. cit.*, p. 193-194.
2. P. Bourmaud, « Les nationalités » *ibid*, p. 227.

la création en Palestine d'un « *État multiracial, multinational et également multiconfessionnel*[1] ». Quant aux chambres à gaz nazies, il explique qu'elles ne sauraient justifier la création d'un État « juif » en Palestine :

> Il est encore moins rationnel de prétendre trouver dans les chambres à gaz nazies de quoi conférer à l'État colonial d'Israël, installé au Moyen-Orient (et non en Bavière...), un statut dérogatoire à celui que depuis des décennies on confère à tous les États coloniaux, et qui revient à énoncer simplement qu'ils représentent une forme à la fois particulièrement détestable et très justement obsolète de l'oppression des peuples démunis[2].

Plutôt que de pérenniser un *imperium* des Hébreux en Palestine, mieux vaudrait en effet faire prévaloir toujours, partout, par tous, un même « *principe équitable* », celui d'une modernité rationaliste, laïque et révolutionnaire qui seule peut garantir que nulle minorité confessionnelle, sociale ou ethnique ne soit jamais opprimée. Où situer le partage entre les forces de la Réaction et celles de la Révolution ? Est-ce en distinguant « *l'État colonial d'Israël* » d'une part, les États non coloniaux d'autre part ? Ou est-ce en distinguant le capitalisme victorieux d'une part, le « *socialisme victorieux* » d'autre part ? À suivre les vicissitudes existentielles de biens des minorités ethniques et religieuses en Europe ou au Moyen-Orient, et en attendant que le socialisme soit victorieux, on comprend le vœu exprimé par la militante sioniste en 1946 : « *qu'il y ait un endroit au monde où les Juifs ne soient pas une minorité* ». Que ce soit alors « *en Bavière...* », suggère ironiquement Badiou. L'argument d'une terre promise par quelque dieu national n'est-il pas, par excellence, la superstructure

1. A. Badiou, *Circonstances, 3. Portées du mot « juif »*, Paris, Lignes, 2005, p. 97.
2. *Ibid.*, p. 13.

théologico-politique d'une infrastructure coloniale ? La suggestion du philosophe au sujet de la Bavière en dit cependant plus long qu'elle n'y paraît : s'il n'existe nulle part une terre juive ou promise aux juifs, il n'existe pas davantage une terre chrétienne ou musulmane, allemande, française, brésilienne ou turque qui n'ait été, avant de devenir chrétienne ou musulmane, allemande, française, brésilienne ou turque, conquise au détriment des indigènes qui y vivaient. Nul n'est plus, depuis l'expansion des premiers homo sapiens venus d'Afrique, le premier occupant. Il n'est donc pas d'autre solution : il faut que toujours, partout, par tous, soit garantie la liberté de philosopher et que l'autorité politique ne distingue aucun culte ni aucune ethnie, en Bavière comme en Palestine ou ailleurs. Ce n'est pas une mince affaire à réaliser, mais c'est ce qu'exige l'application du seul « *principe équitable* » qui puisse valoir universellement, celui sur la base duquel les hommes et les femmes résoudront la question. Et c'est notamment la vision de Badiou, qu'il résume en deux mots à Milner dans le Post-scriptum de leur *Controverse* : « *un État moderne, c'est-à-dire un État dont la substructure n'est pas identitaire, mais historique.*[1] » Ailleurs, il en appelle à un « *État multiracial, multinational et également multiconfessionnel* ».

Milner lui répond : « *Qui peut imaginer que puisse subsister un tel îlot d'exception dans une zone faite d'États dont la substructure est identitaire, où l'historique et l'identitaire entrent en constante intersection ?*[2] » On ne peut dès lors manquer de faire observer à Milner que précisément, c'est ici que l'éclat de l'universalité juive trouverait à s'avérer : *dans un espace discursif où vaut l'axiome identitaire, le nom juif dit que non à l'axiome.* Badiou a donc raison d'opposer à la *realpolitik* de Milner le socialisme victorieux : « *Aucune identité n'est universelle, seule l'est ce qui surmonte toute identité dans la direction d'une*

1. A. Badiou - J.-A. Miller, *Controverse*, *op. cit.*, p. 184.
2. *Ibid.*, p. 193.

multiplicité générique.[1] » Il n'est cependant pas sûr qu'il ait raison d'ironiser au sujet de « *l'État colonial d'Israël, installé au Moyen-Orient (et non en Bavière...)* ». La saillie risque en effet de lui être retournée, connaissant l'argumentaire sioniste : si les juifs n'ont pas été hier moins étrangers en Bavière qu'ils ne le sont aujourd'hui en Palestine, la différence est toutefois qu'en Bavière ils ont été soumis puis anéantis, pas en Palestine...

Trotski appelle en 1934 à une « *compréhension mutuelle* » entre Arabes et Juifs, à défaut d'une « *révolution prolétarienne* » ; Weil dénonce en 1943 un judaïsme impérial et racial, et elle avertit de ne pas l'enseigner dans les écoles ; Arendt s'efforce, dans le sillage de Haam, Buber et Magnes, de concevoir en 1950 les modalités historiques et politiques d'une « *entente judéo-arabe* » ; enfin Badiou, en 2005, milite pour la création d'un « *État multiracial, multinational et également multiconfessionnel* ». La convergence de vue est patente, depuis Spinoza jusqu'à Badiou en passant par Trotski, Weil et Arendt, du moins à s'en tenir aux grandes lignes du « *principe équitable* ». Mais en scrutant au-delà d'un principe partagé, des divergences apparaissent, rhétoriques d'abord, possiblement substantielles ensuite. Ainsi, Spinoza et Weil doivent-ils être réunis l'un à l'autre, comme le suggère Milner lorsqu'il déchiffre un singulier passage du *Traité théologico-politique* de Spinoza ? Ou au contraire constituent-ils deux pôles antagoniques, précisément en raison de leur division au sujet du nom juif, comme je le suggérerais pour ma part ? Milner a indubitablement raison sur un point : il convient de scruter le repli des mots, les secrètes anfractuosités des textes[2].

---

1. *Ibid.*, p. 185.
2. Dans son *Moïse fragile*, Jean-Christophe Attias explique vouloir « *surprendre* [Moïse] *dans l'ombre, à l'écart, dans le repli des mots, dans les secrètes anfractuosités du texte* » (Alma éditeur, 2015, p. 14).

★

Nous cherchons à apprécier ce que l'antisionisme européen pourrait devoir à l'antijudaïsme de Weil écrivant en 1943 : « [Les Hébreux] *ont exterminé ou réduit en servitude toutes les populations de Palestine.* » L'argument, affabulatoire en 1943, trouverait-il à se vérifier d'abord après 1948 et l'expulsion de centaines de milliers palestiniens, puis après 1967 et l'occupation de la totalité de la Palestine mandataire ? Dès lors qu'au terme d'une séquence historique marquée par la décolonisation, d'Indonésie en Algérie, le colonialisme est devenu une forme d'oppression « *très justement obsolète* » et qu'apparemment seul demeure « *l'État colonial d'Israël* », vestige d'une époque révolue, la chose paraît acquise : Israël est un reste anachronique ; un « *État colonial* » dans un monde où cette forme d'oppression a dorénavant été jugée non seulement « *détestable* » mais « *obsolète* », toujours, partout, par tous. L'antijudaïsme théologique d'Origène et celui affabulatoire de Weil coïncident à présent idéalement avec l'antisionisme rationnel de Badiou. Mais est-il intégralement rationnel ou bien y découvrira-t-on, caché sous la table, un reste de théologie, tel un vieux nain bossu ?

Le philosophe prononce en 2005 l'obsolescence du seul « *État colonial d'Israël* », et par « *colonial* » il n'entend pas qualifier une politique d'occupation commencée en 1967, mais bien un « *État* » institué en 1947, et, au-delà, le projet sioniste lui-même vraisemblablement depuis 1917, sinon depuis 1881. Au sujet du caractère colonial du sionisme, Arendt écrit pour sa part en 1950 :

> L'édification d'un Foyer national juif n'était pas une entreprise coloniale où des Européens seraient venus exploiter les richesses étrangères à l'aide de la main-d'œuvre autochtone et aux dépens de celle-ci. La Palestine était et demeure un pays pauvre et, ses richesses n'étant que le produit du

> travail des Juifs, elles disparaîtront vraisemblablement si jamais les Juifs sont chassés du pays. L'exploitation ou le vol, caractéristiques de « l'accumulation primitive » dans toutes les entreprises impérialistes, n'ont pas existé ou n'ont joué qu'un rôle insignifiant. Les capitaux américains et européens qui inondaient le pays n'arrivaient pas à titre de dividendes d'un capital détenu par des actionnaires absents, mais comme de l'argent de la « charité » que les récipiendaires pouvaient dépenser comme ils l'entendaient. Il servit à acheter et à nationaliser la terre, à financer l'installation d'exploitations collectives, à souscrire des emprunts à long terme pour les coopératives des fermiers et des ouvriers, à financer des services sociaux et sanitaires, une éducation libre et égalitaire et, plus généralement, à la mise sur pied d'une économie à forte connotation socialiste. Grâce à ces efforts, le pays s'est transformé en trente ans de manière aussi radicale que s'il avait été transplanté sur un autre continent et ce, sans conquête ni tentative d'exterminer les populations autochtones[1].

Badiou et Arendt divergeraient donc au sujet du processus de création de l'État d'Israël : pour le premier, c'est un fait colonial ; pour la seconde, ça ne l'est pas. Et à suivre Arendt, la position de Badiou soulèverait principalement deux problèmes : premièrement, pour que l'État d'Israël ait épousé depuis le processus de sa création la forme du colonialisme européen, il faudrait qu'il lui soit analogue. Or, le sionisme se distingue des colonialismes anglais, français, allemands, hollandais, espagnols, portugais, etc., du fait de n'avoir pas disposé de métropole. Ne disposant pas de métropole, le caractère « *très justement obsolète* » de « *l'État colonial d'Israël* » n'est pas du même ordre que celui d'un autre État colonial. Prenons le cas de l'Algérie française ou des Indes britanniques : la perte des colonies n'anéantit pas l'autorité politique française ou anglaise comme elle anéantirait « *l'État colonial d'Israël* » s'il devait être

---

1. H. Arendt, *Auschwitz et Jérusalem*, *op. cit.*, p. 183.

jugé « *obsolète* ». Autrement dit, se déclarer partisan du FLN en 1960, parce qu'on est anticolonialiste, a pour analogue le fait de se déclarer partisan d'un retrait israélien des territoires occupés en 1967, pour la même raison. En revanche, si c'est l'État d'Israël en tant que tel qui est un fait colonial, et non seulement sa politique d'occupation des territoires de Gaza et de Cisjordanie, l'analogie s'en trouve bancale, puisqu'au lieu des quatre termes nécessaires à l'analogie, n'en restent que trois : la France, l'Algérie et la Palestine. Une réflexion de Francis Jeanson permet d'apprécier la différence entre une analogie à quatre termes et une autre à trois termes : « *Disons donc qu'il nous fallait à la fois "trahir" les Français en faisant cause commune avec les Algériens et "trahir" les Algériens en demeurant résolument Français. Cette double "trahison", c'est notre fidélité : à la cause française et à la cause humaine, qui justement ne devraient être qu'une seule et même cause.*[1] »

Le second problème que pose l'identification du sionisme au colonialisme européen est la forme singulière prise par le colonialisme juif en Palestine, et c'est ce que souligne Arendt : « *L'édification d'un Foyer national juif n'était pas une entreprise coloniale où des Européens seraient venus exploiter les richesses étrangères à l'aide de la main-d'œuvre autochtone et aux dépens de celle-ci.* » Le sionisme se développant depuis un exil et non une métropole, et n'exploitant ni richesse naturelle ni main-d'œuvre indigène, il n'est pas un colonialisme ordinaire. S'inscrivant dans les pas d'Arendt, au terme du XXe siècle, Edward W. Said conclut :

> Israël n'est ni l'Afrique du Sud, ni l'Algérie, ni le Vietnam. Et, que cela nous plaise ou non, les juifs ne sont pas des colonialistes ordinaires. Oui, ils ont souffert de l'Holocauste,

1. F. Jeanson, *Notre guerre*, Paris, Minuit, 1960, p. 40. Au sujet de l'analogie entre l'Algérie française et la Palestine dans le texte du philosophe, voir ma « Discussion argumentée avec Alain Badiou » sur le site « Lundimatin ».

> oui, nombre d'entre eux sont victimes d'antisémitisme. Non, ces faits ne leur donnent pas le droit d'exercer ou de poursuivre une politique de dépossession à l'encontre d'un peuple qui ne porte aucune responsabilité dans l'histoire de leurs malheurs[1].

Il existe donc un courant de pensée, depuis Arendt jusqu'à Said, qui conteste que le sionisme soit un colonialisme ordinaire ; tandis qu'un autre courant de pensée, depuis Weil jusqu'à Deleuze et Badiou, soutient que c'est un colonialisme ordinaire. Et ces deux courants s'irriguent à une même source : Spinoza, Marx, Trotski. Tâchons de revenir à la source, philosophie rationnelle d'un côté, politique révolutionnaire de l'autre, et d'y puiser une eau claire.

⋆

Que répondrait Badiou à l'argument d'Arendt contestant que le sionisme ait été « *une entreprise coloniale* » ? Il répondrait vraisemblablement qu'outre le colonialisme d'exploitation, il a existé un colonialisme de peuplement, comme en Amérique et en Australie. Le problème est que l'analogie s'avérerait une nouvelle fois bancale, d'une part parce que le colonialisme européen procédait d'une métropole (avant que les colons ne coupent le cordon ombilical), d'autre part parce que le sionisme n'a ni provoqué ni cherché à provoquer l'anéantissement des populations indigènes, à l'inverse de ce qui s'est passé au Brésil, en Amérique du Nord ou en Australie, suite aux maladies contagieuses introduites par les colons, aux assassinats massifs et parfois méthodiques, aux pratiques esclavagistes et aux politiques en tout genre. Badiou juge le petit État d'Israël « *très justement obsolète* » et non l'État

---

1. Edward W. Said « Israël-Palestine, une troisième voie », *Le Monde diplomatique*, août 1998, cité par Alain Gresh dans *De quoi la Palestine est-elle le nom ?* Paris, Les Liens qui Libèrent, 2010, p. 124.

du Brésil, des États-Unis ou d'Australie, parce que, dans ces États, le problème colonial est réglé depuis longtemps, en raison de la quasi-disparition des indigènes. Et de fait, là où les indigènes subsistent, les politiques coloniales se perpétuent. En témoigne la législation brésilienne de 1970 concernant le « statut de l'Indien » d'Amazonie, minorité protégée, mais sous condition que sa présence ne fasse pas obstacle aux intérêts supérieurs de l'État, comme le stipule (à demi-mot) l'article 35 du chapitre I d'une troisième partie intitulée « Des territoires et périmètres occupés » :

> Exceptionnellement, pour des motifs de sécurité nationale, de santé publique pour éliminer de graves endémies, ou autres problèmes en relation avec le développement national et qui n'offriraient pas d'alternative, l'Union pourra intervenir pour désoccuper le territoire habité par les indigènes y compris pour les déplacer dès l'instant où la décision en aura été prise par décret du président de la République après qu'aient été entendus les organismes compétents. L'intervention ou la désoccupation, totale ou partielle, temporaire ou permanente, pourra être décrétée : [...] – pour promouvoir le développement de la région en ayant en vue les intérêts supérieurs de la nation[1].

Paul Crime, auteur d'une étude sur « Le nouveau statut de l'Indien au Brésil », commente le texte de loi : « *En d'autres termes, la spoliation, le vol de terres et la négation du droit d'habiter son territoire sont devenus, par ce statut, parfaitement légitimes, et prérogatives du seul Président. Ce qui était pratique scandaleuse et inhumaine d'intérêts privés capitalistes est devenu loi – l'Indien, dès qu'on décidera qu'il peut être un obstacle au développement, sera déporté.*[2] » Si donc le philosophe qualifie volontiers l'État d'Israël de création coloniale, et juge volontiers son existence

1. Le texte de loi est reproduit dans *De l'ethnocide. Recueil de textes*, U.G.E., 1972, p. 58.
2. *Ibid.*, p. 49.

obsolète, mais non celle du Brésil ou des États-Unis, c'est, ou bien parce qu'il ne considère pas que tous les indigènes sont égaux, ou bien, plus vraisemblablement, parce que les indigènes d'Amazonie et d'Amérique du Nord n'étant plus qu'une poignée de survivants, tandis que les indigènes de Palestine n'ont cessé d'augmenter en nombre depuis l'arrivée des premiers sionistes, le problème est résolu dans un cas, pas dans l'autre. Quant aux Indiens du Chiapas, on ignore si Badiou considère que l'État mexicain, implanté sur les terres des Mayas et non en Espagne, est également un « État colonial ». Le sous-commandant Marcos, à ce sujet, observe :

> Pour la couronne espagnole du XVIe siècle comme pour le néo-libéralisme du début du XXIe siècle, la seule culture c'est la culture dominante ; et comme c'est le cas aujourd'hui pour le capitalisme sauvage, pour le pouvoir espagnol les terres indigènes ne représentaient alors qu'une abondante source de main-d'œuvre. Sous le joug espagnol, presque 90 % de la population indigène de l'Oaxaca disparut, condamnée comme du bétail aux travaux forcés dans les mines. Mais leur douleur s'est perpétuée sous terre et dans les grottes elle se fit rébellion, une rébellion qui alimente aujourd'hui la couleur de la terre. Or ce qui vaut pour les peuples indiens de l'Oaxaca vaut également pour tous les autres peuples indigènes du Mexique : leur richesse culturelle a été et est méprisée par ceux qui incarnent pouvoir et domination (tantôt directement en la détruisant, tantôt en l'ignorant, parfois encore par le racisme et systématiquement par la répudiation de toute différence). [...] Ce fut et c'est toujours le puissant, quelle que soit la race à laquelle il appartient, qui réaffirme sa domination en détruisant l'identité des dominés[1].

On le voit distinctement à présent : si Badiou peut laisser entendre que l'État d'Israël est le singulier vestige d'un colonialisme européen devenu « *très justement obsolète* » partout

1. Sous-commandant insurgé Marcos, *Mexique. Calendrier de la résistance*, Rue des cascades, 2007, p. 18-19.

M. DARWISH

ailleurs, ce n'est pas parce que les descendants des colons juifs se seraient approprié une terre étroite et démunie, mais bien parce que les indigènes continuent d'y vivre en nombre et que si des politiques coloniales se perpétuent en Amérique centrale et du Sud, du Mexique au Brésil, elles n'exercent pas un attrait similaire. Le poète palestinien Mahmoud Darwish en avait une claire et redoutable conscience :

> Savez-vous pourquoi nous sommes célèbres, nous autres Palestiniens ? Parce que vous êtes notre ennemi. L'intérêt porté à la question palestinienne a découlé de l'intérêt porté à la question juive [...]. Si nous étions en guerre avec le Pakistan, personne n'aurait entendu parler de moi [...]. Vous nous avez donné la défaite, la faiblesse et la renommée[1].

À la lumière de l'histoire coloniale du continent américain, et à l'ombre de la parole du poète palestinien, présenter l'État d'Israël comme le *dernier* État colonial ne témoigne donc pas d'un radicalisme révolutionnaire très affirmé. La domination des Juifs israéliens sur les Arabes palestiniens, au regard des autres formes aujourd'hui observables de « *l'oppression des peuples démunis* », ne saurait en effet s'appréhender en termes d'obsolescence d'une forme archaïque de domination impériale et raciale, à moins, soit de ne rien savoir de ce qui se passe ailleurs dans le monde, soit d'être déterminé par un préjugé théologique passablement grossier, et tellement commun.

L'intensité de la répression est un autre élément qui milite peu en faveur du paradigme colonial européen. Car la politique des colons européens à l'égard des peuples colonisés s'embarrassait de beaucoup moins de scrupules, comme en témoigne, outre les massacres de Sétif (Algérie) en 1945, faisant près de 40 000 morts selon certaines estimations,

1. M. Darwish, *La Palestine comme métaphore*, Arles, Actes Sud, 1997, cité par Marc Saint-Upéry, revue *Mouvement*, avril-mai 2002.

la féroce répression de l'insurrection malgache en 1947, ici relatée par Henri Grimal :

> Les nationalistes exaspérés tant par les manœuvres politiques du ministère que par le comportement des autorités locales, prirent l'offensive. Dans la nuit du 29 au 30 mars 1947, ils attaquèrent le camp de Moramanga pour y prendre les armes, massacrèrent quelques colons de la région et opérèrent des sabotages sur la voie ferrée de Fianarantsoa. On y vit le début d'un soulèvement général. La riposte fut immédiate et d'une aveugle brutalité. Les troupes « sénégalaises » auxquelles se joignirent les civils européens et la police se livrèrent pendant plusieurs jours à des exécutions sommaires, même dans les villages où rien ne s'était produit. Les troupes du général Garbay intervinrent ensuite et pratiquèrent pendant plusieurs mois des ratissages systématiques. Devant une commission de l'Assemblée de l'Union Française, cet officier estimait en 1948 le chiffre des victimes de la répression à 89 000. Il ne comptait pas celles de la répression légale, nombreuses, hâtives, et de l'aveu même de l'avocat général « pas toujours justifiées et dépassant la réquisition du ministère public »[1].

Dans le livre de Grimal paru en 1965 et consacré à *La Décolonisation de 1919 à nos jours*, il n'est en revanche pas question d'Israël, mais seulement du mandat britannique (évoqué jusqu'en 1939). C'est après 1967, semble-t-il, que l'État d'Israël intègre durablement le paradigme colonial européen.

★

Si l'analyse d'Arendt ne recoupe pas celle de Badiou quant à la nature intrinsèquement coloniale du sionisme, l'un et l'autre philosophe se rejoignent cependant sur un point

---

1. H. Grimal, *La Décolonisation de 1919 à nos jours*, Paris, Armand Colin, 1965, rééd. Complexe 1985, p. 287-288.

crucial, celui-là même que Trotski soulignait lorsqu'il évoquait le risque d'une « *migration d'importantes masses humaines* ». Arendt, en effet, écrit plus loin dans le même article :

> Ce n'est pas en termes de pertes militaires, de pertes économiques, de destructions occasionnées par la guerre ou de victoires militaires qu'on peut estimer de la manière la plus réaliste quel a été le prix à payer par les peuples du Proche-Orient pour les événements de l'année dernière [1948], mais en termes de changements politiques dont le plus marquant a été la création d'une nouvelle catégorie d'apatrides, les réfugiés arabes. Ces réfugiés arabes ne forment pas seulement un dangereux potentiel d'irrédentistes dispersés dans tous les pays arabes dont ils pourraient facilement devenir le trait d'union visible. Il y a pire. Peu importent les circonstances de leur exode (c'est-à-dire de savoir s'il fut la conséquence d'une propagande arabe ou d'atrocités réelles, voire d'un mélange des deux) : le fait qu'ils aient fui la Palestine, fuite préparée par les projets sionistes de transfert de populations sur une large échelle pendant la guerre, et le refus des Israéliens de réintégrer par la suite les réfugiés dans leur ancien foyer révèlent que le vieux contentieux des Arabes contre le sionisme est fondé : l'objectif des Juifs était bien d'expulser les Arabes de chez eux. Ce qui avait été la fierté du Foyer juif, le fait de n'avoir pas l'exploitation pour fondement, s'est avéré une calamité lors de la dernière épreuve : s'ils avaient vécu dans une économie commune, la fuite des Arabes n'aurait pas été possible et n'aurait pas été bien accueillie par les juifs. L'opinion des Arabes réactionnaires du Proche-Orient et de leurs protecteurs britanniques selon laquelle « les Juifs étaient dangereux non pas parce qu'ils exploitaient les fellahs, mais parce qu'ils ne les exploitaient pas » (Ch. Weizmann), s'est finalement révélée exacte[1].

Dans l'histoire du colonialisme européen, il conviendrait, nous l'avons vu, de distinguer principalement deux formes : un colonialisme de peuplement et un colonialisme d'exploitation.

1. H. Arendt, *Auschwitz et Jérusalem*, *op. cit.*, p. 194-195

Colonialisme

Le colonialisme de peuplement vise à installer sur une terre extra-continentale des colons européens, voués d'abord à dominer les indigènes puis à les remplacer ; le colonialisme d'exploitation vise également à dominer les indigènes, mais avec cette différence que point n'est besoin de recourir au peuplement, l'exploitation des ressources minérales, végétales, animales et humaines de la colonie ne requérant pas l'immigration massive de colons, mais le seul contrôle militaire et politique d'un territoire qui demeure principalement habité par les indigènes. De ces deux pôles du colonialisme européen, la réalité historique décline toutes les nuances. Mais le tableau est en gros le suivant : il y a eu d'une part la colonisation de l'Amérique et de l'Australie, où l'immigration massive de colons a indirectement, et parfois directement anéanti les populations indigènes ; il y a eu d'autre part la colonisation de l'Afrique et de l'Asie, qui furent principalement le terrain d'une exploitation minérale, végétale, animale et humaine sans qu'il fût besoin de peupler les territoires de colons. Ainsi au Brésil, en Amérique du Nord et en Australie, les colons prennent la place des indigènes ; en Afrique et en Asie, ils les exploitent. Et le point commun à ces deux formes de colonisation européenne, leur matrice, c'est donc l'impérialisme au sens large, fait d'appropriations violentes des biens naturels et d'asservissements des indigènes, quand ils ne sont pas malencontreusement, et parfois méthodiquement éliminés.

Sur les continents américain et australien, la logique coloniale prend la forme d'un peuplement, parce que l'immensité des terres est à défricher et par voie de conséquence à peupler, d'autant que la rencontre entre colons européens et indigènes devait sur une grande partie du continent condamner les seconds à une mort brutale, parfois en seulement quelques dizaines d'années, après qu'ils auront pourtant habité les lieux durant des siècles, et pour certains des millénaires. L'exploitation des immenses ressources que recèlent ces nouveaux continents suppose d'y faire venir des hommes.

En Afrique et en Asie, en revanche, une main-d'œuvre est disponible sur place, d'abord pour une raison démographique, à savoir le nombre des indigènes, ensuite pour une raison ethnologique, à savoir que la rencontre avec les Européens n'y provoque pas l'anéantissement des indigènes, leur capacité de résistance étant suffisamment aguerrie. La comparaison entre la colonisation de l'Amérique et celle de l'Afrique s'avère ici particulièrement instructive : tandis que les Européens peuplent l'Amérique, en Afrique ils ponctionnent d'abord la force de travail nécessaire au peuplement de l'Amérique, puis ils y exploitent sur place les richesses naturelles et la force de travail, non sans écraser toute forme de résistance, et s'attacher toute forme de collaboration. Mais que l'exploitation s'accompagne de peuplement, ou non, la logique coloniale européenne, d'Australie en Amérique en passant par l'Indonésie, l'Inde, le Congo, l'Afrique du Sud ou le Moyen Orient, c'est donc cela : une expansion impérialiste s'efforçant d'accumuler les richesses de la planète et d'exploiter sa main-d'œuvre. Où situer le sionisme dans l'histoire du colonialisme européen depuis 1492 jusqu'à, disons, 1962 ? Julien Salingue répond :

> Le projet sioniste d'établissement d'un « État des Juifs » en Palestine est en effet un projet de colonialisme « classique » en cela qu'il ne se fixe pas pour objectif l'exploitation d'un peuple et de ses ressources, mais le contrôle de la terre et le remplacement du peuple indigène par une population immigrée. Ainsi en fut-il de la colonisation de l'Amérique du Nord ou de l'Australie, durant lesquelles les peuples autochtones furent déplacés et/ou massacrés sans que se stabilise un système d'exploitation : « Le colonialisme de peuplement a deux caractéristiques principales. Premièrement, il est gouverné par une logique d'élimination. Les colons viennent pour rester. Leur mission première n'est pas d'exploiter les autochtones mais de les remplacer. Deuxièmement, l'invasion n'est pas événementielle, mais

structurelle. Au-delà de la violence fondatrice de l'expropriation territoriale, les autochtones qui ont survécu sont soumis à une variété de stratégies au moyen desquelles la société coloniale cherche à les éliminer.[1] »

Salingue, distinguant un colonialisme d'exploitation et un colonialisme de peuplement, range le sionisme dans la seconde catégorie, expliquant que loin d'être une singularité c'est une forme bien connue depuis l'Australie jusqu'aux États-Unis : « *Ainsi en fut-il de la colonisation de l'Amérique du Nord ou de l'Australie, durant lesquelles les peuples autochtones furent déplacés et/ou massacrés sans que se stabilise un système d'exploitation.* » C'est un jugement profondément ancré dans les consciences, et qu'on retrouve notamment sous la plume de Deleuze, qui le tenait lui-même d'intellectuels palestiniens[2]. L'identification du sionisme au colonialisme « classique » de peuplement, voilà qui suppose donc de glisser sur une différence substantielle pourtant précisément relative au peuplement : en Amérique du Nord et en Australie, les indigènes ont disparu à mesure que les colons peuplaient le territoire, tandis que c'est l'inverse en Palestine, où leur nombre a augmenté à mesure que le peuplement des colons s'intensifiait. De cette première inattention de Salingue à la consistance matérielle des choses en suit une autre, car juger que la colonisation du continent américain s'est effectuée « *sans que se stabilise un système d'exploitation* » est une curieuse manière de considérer la structure matérielle et

1. J. Salingue, *La Palestine des ONG. Entre résistance et collaboration*, Paris, La Fabrique, 2015, p. 43-44. Salingue signale en note la référence suivante pour ce qui est de la citation qu'il rapporte : « Patrick Wolfe, "*New Jews for Old : Eliminationist Zionism and the people of Palestine*", intervention inaugurale du colloque *Past is Present : Settler Colonialism in Palestine*, SOAS, Londres, 5 au 6 mars 2011 (notes personnelles de l'auteur) ».

2. Voir G. Deleuze, « Les Indiens de Palestine », un article de 1982, reproduit dans *Deux régimes de fous*, *op. cit.*

idéologique d'un colonialisme qui s'est développé au moyen de la « traite » des populations noires, déplacées par millions de l'Afrique en Amérique de manière à y exploiter une force de travail. Considérons quelques chiffres :

> Il faut ici rappeler l'importance de l'ethnocide commis pendant trois siècles sur la population noire déportée en Amérique. Entre 1810 et 1820, il y avait, dans toute l'Amérique, environ 6 millions de Noirs, alors que, depuis le XVIe siècle, on a transporté 15 millions d'hommes ; il faut remarquer aussi que c'est au cours du siècle des Lumières que la moitié (7 millions) a été transportée[1].

Aussitôt après avoir identifié le sionisme à « *la colonisation de l'Amérique du Nord ou de l'Australie* », Salingue, pour appuyer son analyse, cite l'anthropologue Patrick Wolfe, dont le propos est extrait d'une intervention intitulée : « *New Jews for Old : Eliminationist Zionism and the people of Palestine* ». Wolfe emprunte apparemment à l'historien Daniel Goldhagen le mot « *éliminationniste* », qui chez ce dernier qualifie l'antisémitisme nazi. Le sionisme serait, à l'en croire, tout aussi « *éliminationniste* » que le nazisme, mais cette fois relativement au « *peuple de Palestine* ». Que les communautés juives d'Europe Centrale et de l'Est aient été anéanties, quand le nombre des indigènes de Palestine n'a cessé de croître, voilà qui relèverait, semble-t-il, de l'accessoire. Mais si l'on ne s'y résout pas, alors le processus de colonisation sioniste diffère substantiellement non seulement du nazisme, mais également du colonialisme « classique » de peuplement. De fait, c'est l'évidence même : la « *logique d'élimination* » à l'œuvre ne saurait être comparable dès lors qu'elle élimine les populations indigènes dans un cas, ne les élimine pas dans l'autre – outre les divergences relatives au système d'exploitation : esclavagisme dans un cas, « travail

---

1. C. Minguet, « L'esclavage et la pensée "libérale" à Cuba dans la première moitié du XIXe siècle », in *De l'ethnocide*, *op. cit.*, p. 313.

juif » dans l'autre. Sa méconnaissance étant ce qu'elle est, illustrons cette différence, selon certains accidentelle, selon nous substantielle. Dans le volume que Jared Diamond a consacré à l'effondrement des sociétés, il est question de la colonisation du continent américain :

> Lorsque Christophe Colomb est arrivé à Hispaniola au cours de son premier voyage transatlantique en l'an 1492, l'île avait déjà été peuplée par des indigènes américains depuis cinq mille ans environ. À l'époque, Colomb rencontra un groupe d'Indiens arawaks d'un demi-million environ (les estimations vont de cent mille à deux millions). Appelés Taïnos, ils vivaient de l'agriculture et étaient organisés en cinq chefferies. Malheureusement pour eux, les Taïnos possédaient de l'or, que convoitaient les Espagnols et qu'ils ne voulaient pas aller chercher eux-mêmes. Les conquérants ont donc divisé l'île et sa population indienne entre eux, puis l'ont réduite en esclavage, lui ont transmis des maladies d'origine européenne et l'ont assassinée. En 1519, vingt-sept ans après l'arrivée de Colomb, les Taïnos n'étaient plus que onze mille environ, et la plus grande partie mourut cette année-là de la variole, réduisant la population à trois mille habitants ; les survivants moururent petit à petit ou s'assimilèrent dans les décennies suivantes. Cela contraignit les Espagnols à chercher ailleurs la main-d'œuvre servile. Vers 1520, ils découvrirent qu'Hispaniola était idéale pour la culture du sucre. Ils commencèrent donc à importer des esclaves d'Afrique[1].

Une fois acquis que le peuplement européen de l'Amérique et le peuplement juif de la Palestine diffèrent substantiellement l'un de l'autre, la question de savoir à quelle forme de colonialisme appartient le sionisme n'en demeure pas moins posée, d'autant que le sionisme a bel et bien, depuis au moins 1948, abrité une logique d'expropriation, d'expulsion et de

1. J. Diamond, *Effondrement. Comment les sociétés décident de leur disparition ou de leur survie*, 2005, trad. A. Botz et J.-L. Fidel, Paris, Gallimard, 2006, p. 539-540.

domination des populations indigènes. À ce sujet, la suite du texte de Salingue est réfléchie : « *Si l'expulsion de 1947-1949 – au terme de laquelle environ 800 000 Palestiniens furent arrachés à leur terre – est le moment fondateur du déracinement, la politique de colonisation de la Cisjordanie et de la bande de Gaza suite à l'occupation de 1967 marque une nouvelle étape dans l'entreprise de dépossession des Palestiniens.*[1] » De quelle forme de colonialisme s'agit-il ? Je soutiendrai avec Arendt que le sionisme ne relève précisément pas d'un colonialisme « classique », n'étant identifiable ni au colonialisme de peuplement (comme en Amérique ou en Australie), ni au colonialisme d'exploitation (comme en Afrique ou en Asie). Le sionisme relève d'une autre matrice, hétérogène au colonialisme européen dit « classique », car, s'il est bien un colonialisme de peuplement, ce n'est toutefois pas la richesse matérielle du territoire, non plus que l'exploitation de la force de travail indigène qui meut le sionisme, mais un impératif national : *il faut qu'il y ait un endroit au monde où les juifs ne soient pas une minorité*. Son moteur n'étant pas impérialiste, mais national, le sionisme paraît devoir être distingué du colonialisme européen, plutôt que confondu avec lui.

À cet argument, certains objectent – en l'occurrence Céline Lebrun, codirectrice avec Julien Salingue d'un ouvrage collectif sur l'État d'Israël – que « *le sionisme est une idéologie nationaliste* et *colonialiste, brisant ainsi au passage la dichotomie généralement faite entre ces deux caractéristiques par l'historiographie classique qui tente d'opposer aux analyses du sionisme en termes de colonialisme le fait que ce dernier était avant tout un mouvement national*[2] ». Poursuivant son idée, l'auteure explique

---

1. J. Salingue, *La Palestine des ONG. Entre résistance et collaboration*, *op. cit.*, p. 44.

2. *Israël, un État d'apartheid ? Enjeux juridiques et politiques*, sous la direction de Céline Lebrun et Julien Salingue, Paris, L'Harmattan, 2013, p. 122.

plus loin que la finalité du sionisme étant le remplacement de la population indigène de Palestine, sa réalisation implique « *la mise en œuvre d'une élimination physique réelle et totale* » :

> Cependant, rappelant que le sionisme, idéologie exclusiviste et suprémaciste, avait pour but l'établissement d'une entité politique juive souveraine, on comprend que cette logique de l'élimination « symbolique » par la séparation ne pouvait être que temporaire en attendant la mise en œuvre d'une élimination physique réelle et totale. C'est d'ailleurs le but poursuivi derrière certaines pratiques mises en place par les sionistes dans la Palestine mandataire à l'encontre de la population arabe : de l'utilisation des grèves des travailleurs palestiniens pour les remplacer, aux boycotts, destructions ou encore attaques de l'agriculture palestinienne visant à la « conquête du travail » (*kibbsuh ha'avoda*) et au triomphe du « travail juif » (*'avoda 'ivrit*) à l'achat de terres à de grands propriétaires abstentionnistes afin d'en chasser les paysans arabes et de « libérer la terre »[1].

Lebrun en conclut que, bien loin que le sionisme diffère du colonialisme de peuplement en Amérique, c'est précisément parce qu'il n'en diffère pas qu'il se distingue par ailleurs de l'apartheid sud-africain : « *Le colonialisme blanc en Afrique du Sud était dépourvu de la notion d'élimination inhérente au colonialisme de peuplement sioniste.*[2] » À suivre la boussole de l'auteure, le sionisme oscillerait donc entre ces deux pôles : le colonialisme des conquistadors et le nationalisme des nazis. Que les indigènes de Palestine n'aient cessé d'augmenter en nombre depuis l'arrivée des colons juifs, et que ni l'or, ni le sucre, ni l'esclavage, ni les chambres à gaz ne soient des éléments de cette histoire, est-ce donc indifférent à la catégorisation historique et politique du sionisme ? Voilà ce qu'il paraît impossible de concéder. Sur une terre étroite

1. *Ibid.*, p. 124.
2. *Ibid.*, p. 132.

et démunie, entre 1917 et aujourd'hui, s'est manifestement joué autre chose qu'une singulière vicissitude du colonialisme « classique », sinon « nazi ». On s'en tiendra donc, en guise de boussole, à l'heureuse formule de Jules Isaac : « *En pareil cas, ce n'est pas à l'histoire de se mettre en règle avec la théologie, mais au contraire à la théologie de se mettre en règle avec l'histoire.*[1] »

★

Alain Badiou, avec qui il m'est arrivé de correspondre à ce sujet, aime rappeler que l'Amérique fut considérée par les colons européens comme leur « *terre promise* » et que la Bible, Dieu ou la Providence furent abondamment convoqués, *exactement comme dans le cas du sionisme.* À l'instar de Gilles Deleuze ou de Julien Salingue, il paraît en conclure à une identité d'essence, ou de structure. Pourtant, une correspondance idéologique n'atteste pas nécessairement une identité matérielle. Au demeurant, la bible des colons américains n'était pas celle des colons juifs. Mais le philosophe appréciant les leçons de choses, tâchons d'être matérialistes. Dans un passage de son opuscule *L'Impérialisme. Stade suprême du capitalisme* (1916), Vladimir Lénine écrit :

> Supposons qu'un Japonais condamne l'annexion des Philippines par les Américains. Eh bien, s'en trouvera-t-il beaucoup pour croire qu'il le fait par horreur des annexions en général, et non par désir d'annexer lui-même les Philippines. Et ne devra-t-on pas reconnaître que l'on ne peut considérer comme sincère et politiquement loyale la « lutte » du Japonais contre les annexions, que dans le cas où il se dresserait contre l'annexion de la Corée par le Japon et réclamerait pour elle la liberté de séparation d'avec le Japon[2] ?

1. J. Isaac, *L'Enseignement du mépris*, Paris, Grasset, 2004.
2. V. Lenine, *L'Impérialisme. Stade suprême du capitalisme*, Paris, Éditions sociales, 1952, p. 109.

L'argument de Lénine à l'endroit de ce « *Japonais* » fictif vaut pareillement à l'endroit des États arabes qui, depuis 1947, prétendent condamner les annexions territoriales de l'État d'Israël. En 1969, l'historien Maxime Rodinson remarque : « *Les nationalistes arabes qui protestent vigoureusement (et de façon valable à mon avis) contre les empiétements anglais, français ou sionistes sur des territoires arabes au détriment de populations arabes sont fort embarrassés par les empiétements arabes sur les droits d'autres peuples comme les Kurdes et les Noirs du Soudan méridional.*[1] » Ceci étant posé, peut-on soutenir par ailleurs que l'annexion sioniste de la Palestine est analogue à l'annexion américaine des Philippines ? Nous l'avons dit : pour que le rapport d'Israël à la Palestine soit analogue à celui des États-Unis aux Philippines, ou du Japon à la Corée, ou de la France à l'Algérie, etc., encore faudrait-il admettre que l'État d'Israël, plutôt qu'un fait intrinsèquement colonial, est un État qui *mène une politique coloniale* en Cisjordanie et à Gaza. Mais ce n'est pas tout : l'analogie serait également très aventureuse pour une autre raison, non pas formelle cette fois, mais matérielle, à savoir que les annexions dont parle Lénine s'inscrivent dans une logique impérialiste qui voit s'affronter les grandes puissances économiques et militaires mondiales (Angleterre, États-Unis, France, Allemagne) ou régionales (en l'occurrence le Japon), tandis que l'annexion sioniste de la Palestine relève d'une autre matrice, non pas impérialiste, mais nationale.

Pour preuve : les annexions impérialistes ont certains traits distinctifs, matériels et idéologiques, qu'il s'agisse du Japon relativement à la Corée ou des États-Unis relativement aux Philippines, qu'on ne retrouve pas dans le cas du sionisme. Dans une note, les Éditions sociales résument dans ses grandes lignes l'histoire de « *l'annexion des Philippines par les Américains* » :

---

1. M. Rodinson, « Sur les visions arabes du conflit israélo-arabe », in *Peuple juif ou problème juif ?*, *op. cit.*, p. 329.

L'annexion des Philippines (des îles britanniques du Pacifique) fut opérée par les États-Unis au moyen de la force armée. À la suite de la guerre hispano-américaine en 1898, les Philippines devaient, en vertu du traité avec l'Espagne, passer aux États-Unis. Mais la victoire même de ces derniers sur l'Espagne dans les îles Philippines avait été remportée, dans une mesure appréciable, grâce au concours de l'armée philippine forte de 30 000 hommes, sous la direction du révolutionnaire Aguinaldo, que les États-Unis s'étaient frauduleusement attaché. Au sortir de la guerre avec l'Espagne, les Espagnols ayant évacué les Philippines, Aguinaldo, répondant au communiqué du gouvernement des États-Unis qui déclarait se charger de la gestion des Philippines, proclama les îles Républicaines indépendantes. Les États-Unis dépêchèrent une armée de 140 000 hommes. La lutte des Philippins dura près de deux ans. Finalement, ils furent écrasés, leur chef Aguinaldo capturé. Puis on régla leur compte aux révolutionnaires (exécutions, des dizaines d'années d'emprisonnement). La lutte des Philippins contre les États-Unis pour leur indépendance coûta, d'après les évaluations des Américains eux-mêmes, 600 000 hommes. À en croire le président d'alors des États-Unis, Mac Kinley, c'est par de tels procédés que la volonté de Dieu fut accomplie : « *Les Philippines, de même que Cuba et Porto-Rico nous ont été confiées par la Providence. Le pays pouvait-il se soustraire à l'accomplissement d'un pareil devoir ?* » Ce « *devoir* » devant la « *Providence* » était défini par Mac Kinley en ces termes : « *Les Philippines sont à nous pour toujours. Immédiatement derrière les Philippines se trouvent les marchés illimités de Chine. Nous ne renoncerons ni à l'un ni à l'autre.*[1] »

---

1. V. Lenine, *L'Impérialisme. Stade suprême du capitalisme*, *op. cit.*, note 2, p. 109. Au sujet de la Corée, la note suivante explique : « *Pendant des années, une âpre lutte se livra pour la Corée entre la Chine et le Japon. Dans les années 90 du siècle passé, la lutte pour l'exploitation de la Corée s'engage entre le Japon et la Russie. À la suite de la guerre russo-japonaise (1904-1905), la Corée est annexée par le Japon qui prend en main la direction des finances, des postes, télégraphes et téléphones, et des relations avec l'extérieur. Enfin le Japon, sous couvert de ce protectorat,*

Les traits distinctifs de l'impérialisme sont aisément identifiables : des puissances mondiales (États-Unis et Espagne) se disputent un territoire géographiquement distant de la métropole, dont la valeur est à leurs yeux économique (ouverture sur « *les marchés illimités de la Chine* ») ; elles se l'approprient au détriment de populations indigènes allégrement massacrées (600 000 morts philippins, alors que l'armée philippine montée par Aguinaldo comptait 30 000 hommes) ; enfin elles maquillent leur rapacité sans vergogne par des arguments de bonimenteur (« Dieu », la « Providence », etc.). Lénine, dans une préface de 1920 à la traduction de son opuscule, résume l'affaire en quelques mots :

> Le capitalisme s'est transformé en un système universel d'oppression coloniale et d'étranglement financier de l'immense majorité de la population du globe par une poignée de pays « avancés ». Et le partage de ce « butin » a lieu entre deux ou trois rapaces universellement puissants, armés de pied en cap (Amérique, Angleterre, Japon), qui entraînent toute la terre dans *leur* guerre pour le partage de *leur* butin[1].

(Au sortir de la Première Guerre mondiale, Lénine discerne déjà les prémisses de la suivante, le seul défaut de sa prophétie étant relatif au nazisme et aux juifs. Travaillant pour sa part à vaincre l'antisémitisme en Russie, on ne saurait lui en tenir grief). L'expansion européenne a pour enjeu, explique Lénine, de mettre la main sur un « butin ». Or, dans le cas du sionisme, le « butin » est une terre étroite et démunie : la Palestine. Ainsi que l'observe Arendt, peu sensible aux affabulations de Weil, le sionisme n'est pas un produit de l'impérialisme. Cependant le drame, poursuit Arendt, est que cette singularité du sionisme devait précisément conduire à l'expulsion des Arabes de

---

s'est emparé définitivement de la Corée et en a fait sa place d'armes pour sa politique expansionniste contre la Chine » (*ibid.*, p. 109-110).

1. *Ibid.*, p. 10, soulignés dans le texte.

Palestine en 1948. S'il s'était agi d'un colonialisme d'exploitation, l'expulsion n'eût pas eu lieu. Est-ce que cela permet pour autant de conclure à un colonialisme « classique » ?

Dans le cas du colonialisme européen, dit « classique », forme un temps dominante de l'expansion impérialiste, ou bien les indigènes disparaissent, comme au Brésil, en Amérique du Nord ou en Australie, ou bien ils ne disparaissent pas, comme au Mexique, en Afrique et en Asie. C'est ainsi qu'on distingue, en règle générale, un colonialisme « classique » de peuplement et un colonialisme « classique » d'exploitation : en fonction de la courbe démographique des populations indigènes. Il y aurait toutefois des exceptions à la règle, comme en Palestine et en Algérie, où se trouveraient coordonnés un colonialisme de peuplement et une courbe ascendante de la démographie indigène. Peut-on pour autant identifier ces deux colonialismes, juif et français, et les rapporter à une même structure ? Examinons le cas de l'Algérie. La colonisation du Maghreb par la France en 1830 est le fait d'une expansion impérialiste, celle qui conduit au partage de l'Afrique par les puissances européennes à la fin du XIXe siècle. Et en 1954 le million de colons européens en Algérie, au regard de plus de huit millions d'indigènes, rend la situation coloniale analogue à celle de la Rhodésie (160 000 colons européens pour 1 700 000 indigènes) plutôt qu'elle ne la rend analogue à celle de la Palestine. Car les sionistes ont pour objectif de modifier le rapport démographique entre colons et indigènes, afin d'asseoir une majorité de juifs sur une partie de la Palestine, ce qui n'a été ni l'objectif des Anglais en Rhodésie, ni celui des Français en Algérie. Ne disposant pas de métropole, le colonialisme sioniste dépend d'une autre logique : non pas impérialiste, mais nationale.

On nous objecte que le sionisme est un nationalisme *et* un colonialisme, étant somme toute un colonialisme « classique » de peuplement. C'est être aveugle à la différence de matrice.

Car le colonialisme européen, forme historique d'une expansion impérialiste, s'il se divise en effet en un colonialisme d'exploitation et un autre de peuplement, ce n'est toutefois pas en son principe qu'il se divise ainsi, mais au gré des aléas de la vie indigène, selon qu'elle survit ou non aux germes importés d'Europe, puis à l'exploitation des ressources naturelles et humaines du territoire conquis. Citons le propos d'un historien :

> Le titre de mon propos d'historien associe génocide et ethnocide dans une phase initiale. C'est que le phénomène de fond, sur lequel se détachera tout le reste, est l'immense génocide inconscient qui a inauguré la colonisation de l'Amérique, processus qui n'a pas encore pris fin, et qui s'est répété dans d'autres continents. Je veux parler des destructions immenses de populations dues aux germes pathogènes que les Européens apportaient à des populations pour lesquelles ces germes, faute d'immunité acquise, étaient mortels. La médecine post-pasteurienne pousse le souci de ces contagions jusqu'aux précautions cocasses que nous voyons prendre quand des cosmonautes reviennent de la Lune sur la Terre. Mais du XVe au XIXe siècle, c'est en toute inconscience que les envahisseurs venus du monde européen ont fait fondre par leur seule présence de porteurs de germes les populations du monde américain : soit par l'agression lente et continue de maladies devenues endémiques, soit par les ravages de gigantesques épidémies. On est tenté de rapprocher de ce génocide résultant des contacts massifs d'ethnies porteuses d'hérédités biologiques différentes celui, plus ambigu, résultant du travail forcé auquel les envahisseurs ont soumis les envahis sans se préoccuper des limites de leur endurance physique, limites que les conquistadors ignorants imputaient facilement à la paresse. [...] Le gros des conquistadors traite les Indiens comme un bétail dont la résistance est faible ou comme un outillage qui s'use vite. [...] L'indifférence avec laquelle les conquérants de l'or ont usé et abusé du travail de l'Indien justifie qu'on les accuse de génocide par inconscience comme l'ont fait

implicitement ou explicitement les premiers défenseurs des indigènes américains[1].

Tels sont les traits distinctifs du colonialisme « classique », qu'il soit de peuplement ou d'exploitation : conquête de l'or et exploitation sans vergogne de la force de travail. Prenons le cas de la Rhodésie britannique en Afrique Centrale : « *Ces territoires avaient des traits particuliers. La Rhodésie du Sud, ouverte la première à l'occupation européenne, avait depuis longtemps attiré par ses richesses minières et ses possibilités agricoles les colons européens : ils étaient 157 000 contre 1 720 000 Africains en 1952*[2]. » Un territoire riche en ressources minières et agricoles dans un cas, un territoire étroit et démuni dans l'autre, telle est la différence entre la Rhodésie et la Palestine. Mais sur ce point, rien ne distingue en revanche l'Afrique et l'Amérique, deux continents riches en ressources minières et en possibilités agricoles. Comment en vient-on dès lors à distinguer un colonialisme d'exploitation en Afrique et un autre de peuplement en Amérique ? À revenir à la matrice du colonialisme « classique », les faits sont les suivants : les indigènes africains forment une solide main-d'œuvre, qu'on ne cessa d'exploiter sans pour autant l'anéantir, et ce fut aussi le cas en Amérique tant que la population indigène eut la force physique et mentale de survivre à l'exploitation. Diamond le laisse entendre dans le prolongement immédiat du texte cité plus haut :

> Cependant, l'intérêt des Espagnols se détourna d'Hispaniola à la suite de la découverte de sociétés indiennes plus peuplées et plus riches sur le continent américain, en particulier au Mexique, au Pérou et en Bolivie : main-d'œuvre indienne plus nombreuse à exploiter, sociétés politiquement

1. M. Bataillon, « Génocide et ethnocide initial », in *De l'ethnocide*, *op. cit.*, p. 293-294.
2. H. Grimal, *La Décolonisation*, *op. cit.*, p. 248.

> plus avancées à contrôler et riches mines d'argent en Bolivie. L'Espagne consacra désormais peu de ressources à Hispaniola, en particulier parce que acheter et transporter des esclaves d'Afrique était coûteux, alors qu'elle pouvait disposer d'indigènes américains pour le seul coût de leur conquête[1].

Au sein du colonialisme « classique », la différence entre colonialisme de peuplement et colonialisme d'exploitation est donc finalement très secondaire, puisqu'elle dépend principalement des aléas de la vie indigène, selon que les indigènes sont plus ou moins nombreux, et selon que leur résistance physique, sociale et mentale est plus ou moins grande. Il ne s'agit donc pas d'une orientation idéologique prédéterminée, comme c'est en revanche le cas du sionisme : *qu'il y ait un endroit au monde où les juifs ne soient pas une minorité*. Et il est par conséquent erroné d'identifier le colonialisme européen, que ce soit en Algérie ou ailleurs, avec le peuplement juif de la Palestine. La question de la légitimité ou de l'illégitimité politique, de la pertinence ou de l'impertinence historique de l'entreprise sioniste n'en demeure pas moins posée, aux yeux d'un révolutionnaire, mais en des termes plus précis que ceux du philosophe contemporain, singulièrement *officiel* à ce sujet.

*

Ayant clarifié la singularité de la colonisation juive de la Palestine au regard de la colonisation européenne de l'Amérique, de l'Australie, de l'Asie ou de l'Afrique, il nous reste à examiner le cas particulier de l'Afrique du Sud : n'est-ce pas une situation coloniale qui a été longtemps analogue à celle qui prévaut en Palestine ? Dans *Partage de l'Afrique*, Henri Wesseling écrit :

1. J. Diamond, *Effondrement*, *op. cit.*

> L'Afrique du Sud est – abstraction faite de l'Algérie – la seule partie du continent qui ait connu une affluence massive de colons blancs et des colonies de peuplement blanches. Il faut dire que c'était la région d'Afrique la plus appropriée pour accueillir des Blancs. C'est à cela que ce pays doit son histoire singulière, très différente de celle de l'Afrique du Nord, de l'Afrique orientale et de l'Afrique occidentale. Mais l'Afrique du Sud ne deviendra jamais le deuxième Canada ou la nouvelle Australie dont Rhodes comme d'autres apôtres de l'Empire britannique avaient rêvé. Elle ne devint pas un « Nouveau Monde ». En Amérique, en Australie et en Nouvelle Zélande, la population autochtone fut pratiquement exterminée à la suite de la colonisation blanche. Ces vastes régions devinrent ainsi des sociétés blanches, de nouvelles Europe outre-mer. Il n'en alla pas ainsi en Afrique du Sud. Les Blancs y restèrent une petite minorité dans un environnement noir. C'est ce qui explique la situation particulière dans laquelle ce pays se trouve encore aujourd'hui[1].

L'Algérie et l'Afrique du Sud furent les deux seules colonisations de peuplement européen sur le continent africain. Les colons français d'Algérie n'ayant pas rompu avec la métropole, ils repartirent d'où ils étaient venus : en France. Les Afrikaners, eux, après avoir coupé le cordon ombilical avec l'Europe, sont restés où ils étaient : en Afrique du Sud. Et dans ce cas particulier, les indigènes n'ont pas disparu malgré l'implantation durable des colons européens, à l'inverse de ce qui s'est passé en Australie, au Canada ou au Brésil. De fait, les populations noires d'Afrique non seulement ont continué de peupler ce continent, d'Est en Ouest et du Nord au Sud, mais elles ont en outre peuplé l'Amérique, y étant longtemps monnayées comme esclaves. Malgré l'asservissement de millions d'entre eux – et sachant que « *les historiens supposent*

---

1. H. Wesseling *Le Partage de l'Afrique*, 1991, trad. de P. Grilli, Paris, Denoël, 1996, p. 626-627.

qu'il y eut au minimum un mort pour un esclave » – et malgré une colonisation qui prit parfois des formes génocidaires, les indigènes d'Afrique n'ont pas disparu. Catherine Coquery-Vidrovitch, dans un beau livre sur l'Afrique, conclut : « *Le résultat sur la longue durée est implacable : l'hypothèse généralement admise, on l'a dit, est que le continent africain est le seul au monde où la population n'a pas augmenté sur la longue période qui s'étend du début du XVI*e *siècle à la fin du XIX*e.[1] » Les indigènes d'Afrique n'ont pas disparu, mais ils n'ont pas augmenté en nombre durant trois siècles, à l'inverse de ce qui s'est produit à la même époque sur tous les autres continents. Relativisons toutefois l'exactitude du propos : la population des continents américain et australien a en effet augmenté durant ces trois siècles, mais pas de la même manière pour tous les peuples de ces continents, car il y a aussi les indigènes d'Amérique et d'Australie qui, « *du début du XVI*e *siècle à la fin du XIX*e », ont été largement décimés.

Mais les indigènes d'Afrique, eux, ont bel et bien résisté. Est-ce parce que les colons européens n'ont pas été assez nombreux à s'implanter en Afrique, ou est-ce parce que les indigènes d'Afrique ont été plus nombreux et résistants que ceux d'Amérique ? Peut-être pour les deux raisons. Quoi qu'il en soit, en Afrique du Sud, les faits sont là : « *Les Blancs y restèrent une petite minorité dans un environnement noir* », comme aux premiers temps de la conquête des Amériques, où une poignée de colons espagnols était entourée de millions d'indigènes, cependant bientôt décimés par la guerre, la variole et l'esclavage. Il semblerait donc qu'on puisse concevoir analogiquement ces deux colonialismes particuliers, juif en Palestine, européen en Afrique du Sud : petite minorité juive dans un environnement arabe d'une part, petite minorité européenne dans un environnement africain d'autre part.

---

1. C. Coquery-Vidrovitch, *Petite histoire de l'Afrique*, Paris, La découverte, 2011, p. 129.

Et justement, poursuivant son propos, le philosophe évoque l'Afrique du Sud :

> La question du devenir de ces États [*coloniaux*] est certes une question tout à fait complexe, soldée historiquement par toute une gamme de solutions. Les colons français ont quitté en masse l'Algérie, où leurs familles résidaient parfois depuis plus d'un siècle, cependant que les colons européens d'Afrique du Sud, en dépit des pratiques racistes effroyables de l'apartheid, collaborent pour l'instant à la nouvelle Afrique du Sud qu'a fondée Nelson Mandela. Je ne sais ce que deviendra l'État d'Israël, situation bien plus récente que ne l'étaient les deux autres[1].

Les colons français ont quitté en masse l'Algérie, pour la France. Et dès lors que la possibilité est ouverte, dans l'éventail des solutions historiquement effectives, depuis l'Afrique du Sud jusqu'à l'Algérie, la question se trouve posée : où iraient les colons juifs s'ils devaient quitter en masse la Palestine ? Badiou en vient aussitôt à l'Afrique du Sud, puis il conclut : « *Je ne sais ce que deviendra l'État d'Israël, situation bien plus récente que ne l'étaient les deux autres.* » Le philosophe n'est pas prophète. On sait la réponse d'un fort courant de l'antisionisme : « Les juifs à la mer. » Autrement dit, que les sionistes retournent d'où ils viennent, en Bavière s'il le faut, et que fleurisse en Palestine un État arabe sur une terre arabe. Ce n'est pas le courant de l'antisionisme en lequel le philosophe reconnaît volontiers le principe équitable qui le guide, mais à tout prendre, un État arabe sur le modèle de l'Algérie indépendante ne serait-il pas préférable à « *l'État colonial d'Israël* », sachant que « [les États coloniaux] *représentent une forme à la fois particulièrement détestable et très justement obsolète de l'oppression des peuples démunis* » ? Le philosophe est scrupuleux, il s'en tient à « *la gamme des solutions* » historiquement effectives.

1. A. Badiou, *Circonstances, 3. Portées du mot « juif »*, *op. cit.*, p. 14.

Quitte à ce que l'histoire donne raison aux mahométans réactionnaires et aux antisémites fauteurs de pogroms ? Mieux vaudrait en effet que les colons juifs de Palestine s'entendent avec les indigènes, à l'instar des colons d'Afrique du Sud, sans quoi pourrait leur être promis le sort des colons d'Algérie, la métropole en moins… Confiant dans l'aptitude des juifs à s'installer en Bavière, sinon sur quelque plateforme maritime, la solution algérienne est ce que les cadres dirigeants du parti des Indigènes de la République préconisent, notamment dans un article intitulé « Ivan Segré : quand un Camus israélien critique Houria Bouteldja », où ils opposent une fin de non-recevoir à mon « *offre de paix* » : « *contre le mirage de son "offre de paix", qui est la continuité de cette violence* [coloniale], *l'histoire nous enseigne que ce qui a été fait peut être défait. L'Algérie en est un symbole.*[1] . Badiou choisit de s'en tenir scrupuleusement à « *la gamme des solutions* », mais non sans indiquer plus loin sa préférence : un « *État multiracial, multinational et également multiconfessionnel* ». Alain Gresh, dans un livre intitulé *De quoi la Palestine est-elle le nom ?*, est moins scrupuleux que le philosophe, ne s'interdisant pas d'amputer l'avenir de certains possibles : « *Qui peut souhaiter, d'ailleurs, à la fois sur le plan moral et sur le plan politique, que l'on répare le déni de justice fait aux Palestiniens par un autre déni dont serait victime, demain, la population juive israélienne*[2] *?* »

⋆

Est-ce que le processus de peuplement colonial de la Palestine est comparable à celui de l'Afrique du Sud, comme le soutiennent certains ? Ou est-ce qu'au contraire, comme le soutiennent d'autres, « *le colonialisme blanc en Afrique du Sud*

1.http://indigenes-republique.fr/ivan-segre-quand-un-camus-israelien-critique-houria-bouteldja/

2. A. Gresh, *De quoi la Palestine est-elle le nom ?*, *op. cit.*, p. 168.

était dépourvu de la notion d'élimination inhérente au colonialisme de peuplement sioniste » ? Retraçant l'histoire de la colonisation européenne de l'Afrique du Sud, Wesseling observe que « *deux dates sont particulièrement importantes : 1652, l'année où des Blancs s'établirent au Cap, et 1886, l'année des découvertes d'or dans le Witwatersrand*[1] ». La colonisation de l'Afrique du Sud est un maillon d'une expansion impérialiste mondialisée, commencée pour une part en 1492, pour une autre en 1652. Et la différence entre la création de l'Afrique du Sud et la création d'Israël, c'est donc *l'or* : présent dans un cas, absent dans l'autre. Car on y revient toujours : dans un cas la raison déterminante est impérialiste (« *découvertes d'or* »), dans l'autre elle est nationale (*un endroit au monde où les juifs ne soient pas une minorité*). Les créations, puis les développements fulgurants de Johannesburg et de Tel Aviv sont à cet égard significatifs. Au sujet de Johannesburg, Wesseling souligne son extraordinaire développement : « *Aucune ville au monde ne connut alors un développement aussi rapide*[2] ». Fondée en 1886, l'année des découvertes d'or, elle comptait 100 000 habitants dix ans plus tard, composés d'autant de « Blancs » que de « Noirs ». La rapidité du développement de Tel Aviv est comparable en termes de création *ex nihilo* : fondé en 1909, elle comptait 150 000 habitants en 1936, principalement juifs[3]. Le ressort n'est cependant pas identique ici et là. Johannesburg, peuplée d'habitants « blancs » et « noirs », fut construite en raison de l'or qu'on y avait découvert : « *En l'espace de quelques années,* [le Transvaal] *produisit 20 % de la production aurifère mondiale*[4] » – tandis que Tel Aviv s'est élevée sur un sol qui n'abritait rien, sinon l'espoir d'*un endroit au*

1. H. Wesseling, *Le Partage de l'Afrique*, *op. cit.*, p. 500.
2. *Ibid.*, p. 543.
3. Voir Yaacov Shavit : *Tel Aviv. Naissance d'une ville (1909-1936)*, Paris, Albin Michel, 2004, p. 9.
4. H. Wesseling, *Le Partage de l'Afrique*, *op. cit.*, p. 544.

monde où les juifs ne soient pas une minorité. Autrement dit, Johannesburg s'est bâtie sur l'appropriation de l'or et l'exploitation de la force de travail ; Tel Aviv s'est bâtie sur une dune de sable et une aspiration nationale.

À cette première différence, matérielle, s'en ajoute une seconde, cette fois relative au droit formel : l'État d'Afrique du Sud était un régime d'apartheid fondé en 1948 sur une inégalité raciale instituée ; l'État sioniste s'est fondé, quant à lui, sur une déclaration de principe prononcée le 14 mai 1948 par Ben Gourion (« Texte de la proclamation d'indépendance de l'État d'Israël ») :

> L'État d'Israël sera ouvert à l'immigration des juifs de tous les pays où ils sont dispersés ; il développera le pays au bénéfice de tous ses habitants ; il sera fondé sur les principes de liberté, de justice et de paix enseignés par les prophètes d'Israël ; il assurera une complète égalité de droits sociaux et politiques à tous ses citoyens, sans distinction de croyance, de race ou de sexe ; il garantira la pleine liberté de conscience, de culte, d'éducation et de culture ; il assurera la sauvegarde et l'inviolabilité des Lieux saints et des sanctuaires de toutes les religions et respectera les principes de la Charte des Nations Unies[1].

Ni l'Afrique du Sud, ni l'Algérie française, ni les Indes britanniques, ni le Congo belge, ni le Brésil, ni le Koweït, etc., ni les États-Unis d'Amérique ne se sont bâtis sur une telle déclaration de principe : « *une complète égalité de droits sociaux et politiques à tous ses citoyens, sans distinction de croyance, de race ou de sexe.* » On peut tenir pour rien une déclaration de principe. On peut à l'inverse n'y déceler pas plus, certes, mais aussi pas moins que la déclaration d'un principe. Dès lors, on tiendra que ce principe n'est pas sans porter témoignage de l'histoire matérielle et idéologique du sionisme de 1881 à 1948, n'est

1. Édition Points, 2010 (bilingue), p. 29.

pas sans porter témoignage de sa vocation. Le sionisme fut sans doute composite, comme le rappelle l'historien Dominique Bourel : « *Paradoxalement on trouve de tout dans le sionisme, de ceux qui voulaient simplement inscrire une réalité juive dans une confédération du Moyen Orient à ceux qui pensent que la totalité de la Palestine leur revient en passant par une aspiration à un État bi-national.*[1] » Mais le sionisme sorti victorieux en 1948 est donc celui de « la proclamation d'indépendance » prononcée par Ben Gourion, laquelle inscrit noir sur blanc le principe voué à gouverner sur cette terre étroite et démunie.

⋆

Il y a cependant, outre les déclarations de principe, les faits. Or, durant l'année 1948, les soldats israéliens expulsent massivement les habitants arabes de Palestine, puis les empêchent de retourner chez eux ; et depuis 1967, l'État d'Israël domine militairement et politiquement la totalité du territoire de la Palestine mandataire, du Jourdain à la mer, du Golan au Sinaï, où n'est donc pas assurée « *une complète égalité de droits sociaux et politiques à tous ses citoyens, sans distinction de croyance, de race ou de sexe* », c'est-à-dire *pas même en principe*. C'est ainsi que l'État d'Israël est devenu, *de facto*, une sorte de régime d'apartheid.

C'est la logique nationaliste qui a conduit à cet état de fait, l'ayant emporté sur la logique démocratique et socialiste[2]. De 1917 à 1947, le sionisme œuvre à peupler la Palestine d'habitants juifs, puis en 1948 il institue son État et gagne la guerre. De 1948 à 1967, le jeune État « juif », quasi miraculeux, bâtit son assise militaire et ethnique, de sorte *qu'il y ait un endroit au monde où les juifs soient une majorité*, et que

1. *Le Sionisme dans les textes*, préface de D. Bourel, Paris, CNRS éditions, 2008, p. X.
2. Lire à ce sujet *Aux origines d'Israël. Entre nationalisme et socialisme* de Zeev Sternhell (Fayard, 1996).

l'endroit soit démocratique et viable. Puis, au sortir d'une guerre éclair en 1967, l'État « juif » se réveille un beau matin en possession de la totalité de la Palestine mandataire. La classe dirigeante travailliste demeure bouche bée : est-ce une bénédiction, la soudaine maîtrise territoriale de l'intégralité de la Palestine mandataire ? Ou est-ce une malédiction, la soudaine modification du rapport démographique entre juifs et arabes, une fois mesuré à l'échelle de toute la Palestine et non du seul État d'Israël dans ses frontières précédentes (issues de l'armistice de 1949) ? L'atermoiement est tranché par la guerre de 1973 : l'offensive des armées arabes contre Israël, arrêtée, puis vaincue, a rendu dramatiquement sensible la nécessité d'une maîtrise militaire, défensive, de l'intégralité de la Palestine mandataire, du Jourdain à la mer, du Golan au Sinaï. C'est Ariel Sharon, héros de la guerre de kippour, qui a sans doute de cette nécessité la vision la plus claire, la plus tranchée. C'est l'artisan de la colonisation des « territoires » à partir de 1977, l'année de l'accession au pouvoir du Likoud.

Car le parti travailliste, qui tient l'État en main depuis 1948, c'est-à-dire depuis toujours, perd les élections de 1977. Encore enivrée de sa victoire en six jours en 1967, la classe dirigeante travailliste n'a pas su voir venir en 1973 l'offensive égyptienne au sud, syrienne au nord. Elle est sanctionnée aux élections, qui portent au pouvoir la droite nationaliste. L'appareil d'État appartiendra dorénavant à qui sait prévoir la prochaine offensive arabe. Et à ce sujet, Ariel Sharon a quelques idées. Ministre de l'Agriculture, il a en tête un plan d'aménagement du territoire qui tient en deux mots : colonisation défensive. Il développe les colonies de peuplement juif de l'autre côté de la ligne verte, en Cisjordanie mais aussi à Gaza, au Golan et dans le Sinaï. Chaque colonie juive est conçue comme une ligne à la fois de défense et de conquête, placée et développée en fonction de considérations militaires d'une part, hydrauliques d'autre part. (L'or de la terre sainte est son eau, parce qu'elle y est rare.) La stratégie de Sharon, général reconverti dans la politique, est cohérente : il s'agit de rendre impossible la création d'une autorité politique arabe indépendante sur toute portion du territoire de la Palestine mandataire. L'existence d'une telle autorité impliquerait en effet, à court, moyen ou long terme, la présence d'une armée étrangère à l'ouest du Jourdain, et il n'en est pas question. Prévoir la prochaine offensive arabe supposant de s'assurer un minimum de profondeur stratégique, la conclusion est tirée : revenir aux frontières de 1948 compromettrait la sereine viabilité de l'État « juif ». L'occupation est donc faite pour durer. Les travaillistes, revenus au pouvoir, entérinent l'idée et accélèrent le pas, par faiblesse plus que par conviction. Que ce soit avec les uns ou les autres, la colonisation des territoires s'intensifie depuis lors, si bien que près d'un demi-million de citoyens israéliens vivent aujourd'hui au-delà des frontières de1967. Sharon a enterré en 1977 la « déclaration d'indépendance » de mai 1948, parce que la pérennité d'un endroit au monde où les juifs ne soient pas dominés, mais dominants, est en dernière analyse le seul principe qui vaille. C'est une logique nationaliste revenue à son noyau dur, une fois dissipée l'illusion égalitaire de l'utopie sioniste. Ariel Sharon, au fond, est un disciple de Carl Schmitt : seule une décision relative à l'existence est souveraine, et non le respect d'une norme (qu'elle soit socialiste ou démocratique). L'État d'Israël n'assurera pas une complète égalité de droits sociaux et politiques à tous les habitants, ni ne poursuivra les idéaux du socialisme, mais il persévérera dans son existence nationale souveraine.

*

On le relève rarement, les Boers hollandais d'Afrique du Sud étaient au départ les premiers occupants plutôt que les envahisseurs, du moins au regard des Bantous qui, plus tard, devaient peupler les bantoustans de l'Apartheid. Jared

Diamond relate brièvement l'origine de ce paradoxe dans son étude sur *L'Inégalité parmi les sociétés* :

> Le peuple bantou le plus méridional, les Xhosa, s'est arrêté à la Fish River, sur la côte sud de l'Afrique du Sud, à 800 km à l'est du Cap. Non que le Cap de Bonne Espérance lui-même soit trop sec pour l'agriculture, puisqu'il est en fait le grenier de l'Afrique du Sud moderne. Le Cap connaît plutôt un climat méditerranéen, pluvieux en hiver, ce qui ne convient pas aux cultures bantoues, qui requièrent des pluies estivales. En 1652, l'année où les Hollandais arrivèrent au Cap dotés de leurs cultures d'origine proche-orientale, les Xhosa ne s'étaient pas encore aventurés au-delà de la Fish River. Ce détail apparent de la géographie végétale est lourd de conséquences politiques. L'une d'elles est que, après avoir rapidement massacré, infecté ou chassé les Khoisan du Cap, les Blancs sud-africains purent prétendre à juste titre avoir occupé le Cap avant les Bantous et posséder donc sur ce territoire le droit des premiers occupants. Mais on peut se dispenser de prendre cette allégation au sérieux, puisque les droits antérieurs des Khoisan n'ont pas empêché les Blancs de les déposséder[1].

Les colons blancs ayant exproprié, chassé et massacré les Khoisan, ils devenaient au regard des Bantous les premiers occupants du Cap. Cela ne leur donnait pas pour autant le droit de bâtir un régime politique et social raciste, fondé sur l'inégalité entre « Blancs », autochtones, et « Noirs », colons. Cet apparent paradoxe de colons européens qui prétendent être arrivés les premiers sur une terre africaine permet de bien situer le problème : la question n'est celle du premier occupant dans l'histoire des sociétés humaines que relativement à l'appropriation rapace d'un bien naturel, ou relativement au mythe de l'autochtonie. Dans les termes du rationalisme

1. J. Diamond, *De l'inégalité parmi les sociétés. Essai sur l'homme et l'environnement dans l'histoire*, 1997, trad. fr. 2000, Paris, Gallimard, coll. « Folio », p. 599-600.

révolutionnaire, en revanche, la question est toujours celle du type de relation sociale qu'on contribue à instituer, à pratiquer et à développer, et non celle de l'origine, de l'ethnie, de la croyance ou du sexe. Or, les pratiques sociales que les colons européens sont venus introduire en Afrique du Sud étaient homogènes aux pratiques esclavagistes, impérialistes et parfois génocidaires que les puissances européennes perpétraient en Afrique, en Amérique, en Australie, en Asie, à l'occasion en Europe. Les colons d'Afrique du Sud ont, comme les colons d'Amérique, progressivement abandonné les pratiques esclavagistes, et comme eux ils ont longtemps gardé leurs institutions racistes. Que l'apartheid concerne des Noirs en Afrique, indigènes du terroir, ou qu'ils concernent des Noirs en Amérique, colons malgré eux, ne change rien à l'affaire : *c'est la structure inégalitaire de la relation qui est en cause, et non la nature indigène ou étrangère des termes de la relation.* Tel est du moins le b-a.ba d'une analyse progressiste.

Renaud Camus, vénérable écrivain français, a exprimé dans un livre le souhait que « *sur le seul territoire de la France de toujours* » les musulmans se sentent « *étrangers* » :

> J'ai le plus grand mal à imaginer que des musulmans de souche [...] puissent être tout à fait français (en ce sens archaïque, mais peut-être pas tout à fait caduc) ; aussi français en tout cas qu'un paysan de Gascogne dont la famille vit dans le même village depuis sept ou huit siècles [...] Il me souvient que dans mon enfance, avant la fin de la guerre de l'Algérie, j'étais enfantinement favorable au parti de l'intégration, tel qu'on entendait ce mot à cette époque ; et que je rêvais d'un grand État, qui se fut étendu « *de Dunkerque à Tamanrasset* », comme disait De Gaulle : Arabes, Berbères et Français de France, et Français d'Afrique du Nord, auraient peut-être pu appartenir alors à une même nation, dans ce cadre impossible. Mais sur le seul territoire de la France de toujours, les musulmans se sentiront toujours un peu étrangers, je le crains, et ils seront toujours perçus comme tels. Non, je ne le crains pas, je le souhaite.

On s'est ému à la lecture de ce passage et de quelques autres de son *Journal de France*. Son livre fut censuré. On lui fit retirer ses saillies contre les musulmans et les juifs. Étant par principe opposé à la censure, j'aime citer les écarts de l'indigène français, ses savantes transgressions de la norme. Houria Bouteldja, porte-parole du parti des Indigènes de la République, sait faire montre du même art que Renaud Camus, souhaitant par exemple que la « *greffe sioniste* » ne prenne pas en « *terre arabe*[1] ». Même art, même pensée : dans l'un et l'autre cas, la dichotomie entre indigènes et étrangers oblitère le principe équitable. Renaud Camus ignore que la légitimité d'un homme, son appartenance substantielle à l'ici et maintenant, dépend exclusivement de sa capacité de pratiquer la justice et la charité[2], et non de son origine, de sa confession ou de son ethnie. Bouteldja, pareillement, ignore qu'un « *étendard*[3] » est révolutionnaire s'il signale une pensée stratégique au sujet de l'antagonisme de classe, et qu'un affect ethnique majoritaire, fût-il indigène, n'est pas une pensée, sinon d'extrême droite.

---

1. Dans *Les Blancs, les Juifs et nous. Vers une politique de l'amour révolutionnaire* (La Fabrique, 2016), elle écrit : « *Nous vivons un moment charnière de notre histoire. Sur l'échiquier international, Israël déçoit l'empire, l'Iran s'impose comme puissance régionale et la greffe sioniste n'a jamais pris dans le monde arabe et ne prendra jamais si Dieu veut* » (p. 64). Elle évoque ailleurs la « *terre arabe* » (p. 53) : « *Donc, voilà, ils* [les Blancs] *vous ont offert Israël. Et ils ont fait d'une pierre deux coups : se débarrasser de vous comme prétendants à la nation et comme révolutionnaires historiques et faire de vous les plus ardents défenseurs de l'empire en terre arabe.* »
2. Dans sa Préface au *Traité théologico-politique*, Spinoza écrit : « *La parole révélée de Dieu consiste non pas en un certain nombre de livres mais en un concept simple de l'esprit divin révélé aux mortels : obéir à Dieu d'une âme pure, pratiquer la justice et la charité* » (*op. cit.*, p. 71).
3. Dans le même ouvrage, elle écrit, au nom de tous les « indigènes » : « *L'antisionisme est notre étendard.* »

Il importe à l'écrivain français, homme de terroir, homme de souche, que les musulmans se sentent étrangers sur le seul territoire de la France de toujours, comme il importe à la porte-parole du PIR que les colons juifs se sentent étrangers sur le seul territoire de la Palestine arabe de toujours. Mais leur narcissisme enfantin est une fable, la raison matérielle de leur désir étant beaucoup plus prosaïque, même s'ils l'ignorent : il importe que la populace française, chrétienne et blanche continue de s'imaginer valoir plus que le prix d'un animal aux yeux de la classe possédante. L'étrangeté du musulman est un faire-valoir et l'opération est rigoureusement analogue dans le cas de « *la greffe sioniste* » : il importe que l'antisionisme soit un « *étendard* » universel, ou à tout le moins celui du monde arabe, de sorte que les populations se détournent des raisons pour lesquelles le Moyen-Orient est la région la plus inégalitaire de la planète[1]. De même que le xénophobe n'a d'yeux que pour l'étranger, l'antisioniste n'a d'yeux que pour la « *greffe sioniste* », où il n'y a pourtant ni or jaune, ni or noir.

Un disciple de Spinoza, de Marx et de Trotski voit les choses autrement. Selon lui, le principe équitable en Israël-Palestine est le même que toujours, que partout : liberté de philosopher, indifférence de la politique au culte et à l'ethnie, pratique de la justice et de la charité, socialisme victorieux. Il n'est en revanche jamais question pour lui de relever la différence entre un élément *étranger* et un peuplement *indigène*, le problème n'étant jamais conçu en ces termes-ci, mais toujours en ces termes-là : combattre

1. Dans un article paru dans le journal *Le Monde*, Thomas Picketty observe : « *Si l'on examine la zone allant de l'Égypte à l'Iran, en passant par la Syrie, l'Irak et la péninsule Arabique, soit environ 300 millions d'habitants, on constate que les monarchies pétrolières regroupent entre 60% et 70% du PIB régional, pour à peine 10% de la population, ce qui en fait la région la plus inégalitaire de la planète.* » La chronique est en ligne sur le site du *Monde* : http://piketty.blog.lemonde.fr/2015/11/24/le-tout-securitaire-ne-suffira-pas-2/

toute forme de relation inégalitaire, et promouvoir un développement égalitaire. En termes de droit formel, mais situés historiquement, on se prononcera donc en faveur d'un État commun israélo-palestinien, binational et bi-linguistique, sur tout le territoire de la Palestine mandataire, du Sinaï au Golan, du Jourdain à la mer, de manière à ce que tous les habitants disposent de droits égaux (sans distinction de race, de croyance ou de sexe) et que les logiques politiques progressistes surmontent les logiques réactionnaires. Cette position peut être résumée en deux mots : « Israël-Palestine, un seul pays, un seul État. »

★

« Israël-Palestine, un seul pays, un seul État » est le mot d'ordre d'un collectif militant qui s'est créé en septembre 2014 à Paris, à l'initiative de disciples d'Alain Badiou. Nos positions semblent convergentes. Mieux vaut toutefois s'en assurer. Examinons l'un de leurs tracts :

> Palestine-Israël, pour comprendre cette situation, il faut partir de son réel, c'est-à-dire le processus continu d'expropriation et d'élimination des Palestiniens entrepris depuis maintenant un siècle, avec comme temps forts la création de l'État d'Israël en 1948 dont le pendant est l'expulsion et le départ par milliers des habitants palestiniens des villages et des villes (chassés par la force armée, fuyant sur les routes, et empêchés systématiquement ensuite de revenir) : ce qu'ils ont appelé la *Nakba* ; puis après la guerre de 1967 l'occupation militaire des territoires de Cisjordanie et de Gaza ; ensuite et aujourd'hui avec plus de violence et de vigueur que jamais, l'installation de colonies en Cisjordanie et à Jérusalem Est, et l'encerclement de Gaza, devenue une immense prison à ciel ouvert et bombardée à plusieurs reprises. De la part de l'État d'Israël et de ses partisans, il s'agit d'une entreprise de conquête et d'occupation coloniale menée avec conséquence et détermination, dont le solde ne peut être que l'élimination

> des Palestiniens et leur fuite toujours plus loin de chez eux : ce à quoi des membres de l'actuel gouvernement d'Israël appellent même ouvertement, demandant la destruction pure et simple du peuple palestinien[1].

Leur principe est matérialiste : « *pour comprendre cette situation, il faut partir de son réel.* » Et voici le résultat de leur enquête : « *processus continu d'expropriation et d'élimination des Palestiniens entrepris depuis maintenant un siècle.* » Écrivant leur tract en 2016, « *depuis un siècle* » nous renvoie à 1917, autrement dit à la déclaration Balfour évoquant « *un foyer national pour le peuple juif* ». Analysant la courbe démographique des populations indigènes de Palestine de 1917 à nos jours, observe-t-on la trace matérielle d'un processus continu « *d'élimination des Palestiniens* » ? À s'en tenir aux données démographiques disponibles, l'argument paraît davantage être déterminé par une obsession rhétorique : l'analogie du sionisme au nazisme. Il est donc inévitablement question de « *l'élimination des Palestiniens* », voire de « *la destruction pure et simple du peuple palestinien* ». Dans une veine comparable, on trouve les textes militants du parti des Indigènes de la République. Consacrant un article à mon cas, celui d'un « [*Albert*] Camus israélien », ses cadres dirigeants expliquent :

> Segré est sioniste. Il l'a dit et répété. Néanmoins, contrairement à ce qu'il a aussi dit, ce n'est pas un mot qui, en dépit de ses concrétisations historiques, contiendrait un éventail de possibilités au-delà des formes politiques qu'il a prises. Quoiqu'on « veuille » y projeter et les distinctions qu'on prétende faire, Israël est l'expression d'un projet colonial en terre palestinienne et ceci engage toutes les tendances

1. Site internent du collectif « Israël-Palestine, un seul pays », Tract n° 3 (http://www.palestine-israel.info/Tract/files/ba82320b7d456fada604d5e493b6a7f4-3.html).

> politiques reliées à lui. Le « retour » a été conquête, acte continu depuis 1881 de destruction organisée de la Palestine et des Palestiniens[1].

Le collectif « Israël-Palestine » évoquait « *le processus continu d'expropriation et d'élimination des Palestiniens entrepris depuis maintenant un siècle* ». Les cadres dirigeants du PIR radicalisent le trait : « *acte continu depuis 1881 de destruction organisée de la Palestine et des Palestiniens.* » Il conviendrait en effet de remonter à la toute première vague d'immigration juive en Palestine, quelques milliers, puisque c'est alors, en 1881, à la suite de pogroms en Russie, que le processus d'implantation d'un élément étranger s'enclenche en Palestine, et non avec la déclaration Balfour qui officialise simplement la chose en 1917. Le matérialisme par trop modéré du premier collectif est pris en défaut par la radicalité du second : 1881 plutôt que 1917[2]. Mais qu'on fasse remonter le processus d'élimination des Palestiniens à 1881, ou à 1917, se trouverait donc vérifié le constat de Weil dès 1943 : « [les Hébreux] *ont exterminé ou réduit en servitude toutes les populations de Palestine.* » Leur approche se voulant cependant critique et matérialiste, nous naviguons en eaux claires. Et nous connaissons la méthode : commencer par enquêter, en vertu d'un sévère adage (« qui n'a pas fait d'enquête n'a pas droit à la parole »). Qu'est-ce que la Palestine en 1881, lors de la première vague d'immigration juive (ou première *alya*) ? Ouvrons un opuscule de propagande sioniste intitulé *Pourquoi un État juif* (2010) :

> Le compte rendu le plus célèbre de l'état des lieux de la Palestine ottomane à la fin du XIXe siècle et à la veille de la première *aliyah* est le journal de Mark Twain, témoin

---

1. « Ivan Segré : quand un Camus israélien critique Houria Bouteldja », art. cit.
2. C'est aussi l'argument de Yasser Arafat en 1974 aux Nations Unies : « *L'invasion juive a commencé en 1881.* »

oculaire en 1867 : « Pas un seul village [*dans la vallée de Jezréel*] – rien sur trente miles dans les deux sens. Deux ou trois petits groupes de tentes bédouines, mais pas une seule habitation permanente. On peut voyager pendant dix miles sans rencontrer dix êtres humains. [...] Jéricho est en ruine, comme inchangée depuis le miracle de Josué il y a plus de trois mille ans ». [...] À la même époque, deux voyageurs anglais, W. H. Bartlett et Thomas Allom, publient un guide de « La Syrie et l'Asie mineure », qui sera traduit en français et plusieurs fois réimprimé. On y lit : « La distance de Jaffa à Jérusalem est de cinquante milles environ... Deux journées entières furent consacrées à ce pénible trajet... Les lieux désolés que nous parcourions étaient dénudés de toute espèce de végétation, arides, et sans habitation. » Arthur Penrhyn Stanley, le grand cartographe britannique, tirait des conclusions semblables, en 1881 : « En Judée, il est à peine exagéré de dire que, sur des kilomètres et des kilomètres, il n'y avait rien qui ressemblât à de la vie ou à une habitation. » Le consul américain à Jérusalem en 1880 rapporte que la région continuait son déclin : « La population et la richesse de la Palestine n'ont pas augmenté pendant les 40 dernières années. » [...] Dans le compte rendu de la commission royale britannique de 1913, on peut lire : « La région est sous-peuplée et est restée économiquement stagnante jusqu'à l'arrivée des premiers sionistes vers la fin des années 1880, qui sont venus pour reconstruire la terre juive »[1].

La Palestine, en 1881, n'était pas une terre sans peuple, mais sa dynamique démographique, économique et sociale était plutôt moribonde à en croire ces témoignages. L'opuscule sioniste soutient en outre qu'avec « *l'arrivée des premiers sionistes* » la dynamique s'est inversée, et que dans le sillage de la colonisation juive la population indigène s'est mise à croître, en raison de l'amélioration des conditions sanitaires, mais aussi en raison d'une immigration arabe depuis

1. P. Juza-Rosinski, D. Wolkowicz, L. Sage, sous la direction de C. Meyer, *Pourquoi un État juif*, Les éditions de Passy, 2010, p. 65-66.

les pays avoisinants, la Palestine étant devenue une région attractive avec l'arrivée des juifs :

> De fait, le Président Franklin Delano Roosevelt concluait, en 1939 : « l'immigration arabe en Palestine depuis 1921 a amplement excédé la totalité de l'immigration juive durant toute cette période ». En effet, la population juive augmenta de 470 000 âmes entre la première et la seconde guerre mondiale, tandis que la population non juive croissait de 588 000 personnes. En fait, la population arabe permanente augmenta de 120 % entre 1922 et 1947 ». Cette croissance rapide était le résultat de plusieurs facteurs. L'immigration à partir des États voisins représentait 37 % de l'immigration totale dans ce qui deviendrait l'État d'Israël. Elle était le fait d'Arabes qui voulaient profiter de l'amélioration du niveau de vie que les Juifs avaient rendue possible. La population arabe s'accrut aussi grâce à l'amélioration des conditions de vie créées par les Juifs car ils asséchaient les marécages générateurs de malaria et apportaient à la région un système sanitaire et des services médicaux améliorés. Ainsi, par exemple, le taux de mortalité infantile chez les Musulmans tomba de 201 pour mille en 1925 à 94 pour mille en 1945 et l'espérance de vie s'éleva de 37 en 1926 à 49 en 1943[1].

Donc, non seulement la Palestine aurait été quasiment dépeuplée avant l'arrivée des sionistes, mais elle se serait repeuplée d'indigènes *du fait* de l'arrivée des sionistes. L'opuscule *Pourquoi un État juif* n'en conclut toutefois pas que le but de l'entreprise sioniste était de repeupler d'Arabes la Palestine ; il en conclut néanmoins la chose la suivante : « *En 1948, près de la moitié des Arabes de Palestine étaient des immigrés de première ou de deuxième génération, venus là non pas en dépit de, mais du fait même du développement engendré en partie par le sionisme.*[2] » Il y a en histoire trois niveaux de discussion : un premier niveau concerne l'établissement des faits ; un second concerne leur

1. *Ibid.*, p. 69-70
2. *Ibid.*, p. 82.

interprétation ; un troisième concerne les principes qui orientent les interprétations et règlent les questions de linguistique. Sans accord sur l'établissement des faits, il est impossible de discuter de leur interprétation, puis des principes. Or, concernant le fait de la colonisation sioniste de la Palestine, de 1881 à 1947, qui croire ? Les antisionistes évoquent un « *processus continu d'expropriation et d'élimination des Palestiniens entrepris depuis maintenant un siècle* », ou encore un « *acte continu depuis 1881 de destruction organisée de la Palestine et des Palestiniens* ». Les sionistes, eux, évoquent une Palestine à l'abandon jusqu'à ce que des colons juifs venus d'Europe y construisent des villes et des routes, y plantent des arbres, y vainquent la malaria, y développent l'activité économique et sociale, si bien que « *la population arabe permanente augmenta de 120 % entre 1922 et 1947* ». On se souvient de la remarque méthodologique de Rousseau : « *Si quelques uns en ont vû quelque chose c'est dans les livres des Chrétiens. Bonne manière de s'instruire des raisons de leurs adversaires !* » Règle d'or, en effet, que celle-ci : enquêter sur les faits et les interprétations consignés dans les textes des uns et des autres. Dans un opuscule intitulé *La Palestine expliquée à tout le monde*, Elias Sambar, ancien rédacteur en chef de la *Revue d'études palestiniennes*, écrit page 14 :

> À cette même période [*1897, l'année du congrès sioniste de Bâle*], deux projets antagoniques sont donc à l'œuvre en Palestine : un projet d'indépendance et de souveraineté palestiniennes au sein d'une Nation arabe, et un projet de création d'un Foyer national juif en Palestine, sur une terre déjà habitée par son peuple. Un réformiste palestinien, le cheikh al-Taji al-Farouqi, auteur par ailleurs des paroles du futur hymne national palestinien, écrit en 1905 un article prophétique qu'il publiera à Tripoli, au Liban. Il y disait en substance : la finalité du sionisme est de nous rendre étrangers chez nous[1].

---

1. E. Sambar, *La Palestine expliquée à tout le monde*, Paris, Seuil, 2013, p. 14.

Plus loin, page 24, il note : « *En 1922, le premier recensement fait état d'une population de 757 182 habitants, dont 78 % de Musulmans, 11 % de Juifs et 9,6 % de Chrétiens.* » Et l'auteur d'observer l'usage de catégories confessionnelles dans ce recensement, afin de ranger ensemble les indigènes juifs et les « *immigrants juifs* ». La mécanique sioniste est en marche, matérielle et idéologique. Puis vient le plan de partage de l'ONU en 1947 : « *L'État arabe devait comprendre une population de 725 000 Palestiniens et de 10 000 Juifs sur 42,88 % du pays ; l'État juif, une population de 498 000 Juifs et 407 000 Palestiniens ; quant à la zone de Jérusalem établie sur 0,65 % du territoire, elle devait accueillir 105 000 Palestiniens et 100 000 Juifs.* » Le plan ne fut jamais appliqué, comme on sait. Mais les chiffres sont éloquents : entre 1922 et 1947, la population juive en Palestine est passée d'un peu plus de 75 000 habitants à près de 600 000, multipliant par huit son nombre, l'augmentation en valeur absolue étant de plus de 500 000 habitants. C'est donc une invasion étrangère.

Mais par ailleurs, outre l'augmentation du nombre de colons juifs, il y a aussi l'augmentation du nombre des indigènes : en 1922, musulmans et chrétiens de Palestine représentaient 89 % d'une population totale de 757 000 habitants, soit 681 000 habitants ; puis, en 1947, les indigènes sont au nombre de 725 000 + 407 000 + 105 000 = 1 237 000. La population arabe palestinienne est donc passée de 681 000 à 1 237 000 en vingt-cinq ans, de 1922 à 1947, autrement dit elle a quasiment doublé en l'espace d'une génération, augmentant de 556 000 âmes. Phénomène singulier pour une colonisation de peuplement : à mesure que les colons juifs affluent en Palestine, le nombre des indigènes augmente, du moins jusqu'en 1948, la guerre et la *Nakbah* : « *Sur une population de 1,4 million à la veille de 1948, 800 000 Palestiniens deviennent des réfugiés, 151 000 demeurent en Israël dans un État qui n'est plus le leur et 450 000, les habitants de la Cisjordanie et de Gaza, ne sont pas déplacés mais détachés de leur patrie.*[1] » À suivre ces derniers chiffres, les indigènes de Palestine étaient 681 000 en 1922, puis 1,4 million à la veille de 1948. Ils avaient donc plus que doublé en vingt-cinq ans de colonisation juive, la population indigène augmentant en une génération de 719 000 âmes.

Les faits sont à présent bien établis : la population indigène de Palestine augmente singulièrement de 1922 à 1948, à mesure que l'implantation d'éléments étrangers, en l'occurrence juifs, s'intensifie. Alexandre Defay, chercheur en géopolitique, décrit la chose en ces termes : « *Une Palestine dont la population a fortement augmenté, car aux vagues d'immigration juive a répondu un accroissement naturel de la population arabe parmi les plus forts du monde : elle compte désormais (chiffres approximatifs de 1944) 1 800 000 habitants dont 500 000 Juifs.*[2] » Les chiffres concordent d'un ouvrage à l'autre, pas les interprétations. À suivre Defay, le très singulier accroissement naturel de la population palestinienne serait une réponse familiale combative à la colonisation juive, plutôt qu'un effet bénéfique de celle-ci. D'autres préfèrent insister sur l'amélioration des conditions matérielles de la vie indigène, amélioration qui résulte en partie de l'installation des juifs en Palestine. D'autres encore soulignent l'apport numérique d'une immigration arabe après que la Palestine est devenue un pôle de développement économique et social dans la région. On peut sans risque de se tromper juger complémentaires ces diverses interprétations d'un même fait matériel et humain incontournable : entre 1922 et 1947, la Palestine connaît « *un accroissement naturel de la population arabe parmi les plus forts du monde* ». Cela ne signifie cependant pas que la Palestine commence d'exister avec l'immigration juive. Les témoignages de Mark Twain, des auteurs anglais d'un guide

---

1. *Ibid.*, page 29.
2. A. Defay, *Géopolitique du Proche-Orient*, Paris, PUF, coll. « Que sais-je », 2003, p. 70.

touristique, Bartlett et Allom, du cartographe Arthur Stanley ou de la commission royale britannique, cités en guise d'état des lieux par l'opuscule sioniste, sont des interprétations de la Palestine de la fin du XIXe tout autant que sa description. Et Elias Sambar, dans *Figures du Palestinien*, a écrit à ce sujet des lignes autrement plus décisives que Mark Twain :

> Explorateurs, écrivains, hommes de religion – non les commerçants et les marchands, qui ne voyagent pas avec les mêmes angoisses rédemptrices – ne verront les Palestiniens sédentaires que comme des nomades qui se sont arrêtés de nomadiser et qu'il s'agit de remettre en mouvement pour les faire sortir du paysage et libérer les lieux de leur présence[1].

Mais les données chiffrées, elles, sont transparentes et les chiffres que rapporte Sambar dans *Figures du Palestinien* de nouveau éloquents[2]. Car toutes les données chiffrées de cette période convergent : « *un accroissement naturel de la population arabe parmi les plus forts du monde.* » C'est un fait qui semble difficilement conciliable avec la rhétorique des militants antisionistes. Mais il est vrai qu'il est bien des manières de mener une enquête, et qu'ils semblent savoir où la leur doit les conduire. Quant à nous, suivons le fil de notre propre enquête : il nous reste à comparer la courbe démographique des indigènes de Palestine confrontés au colonialisme sioniste, avec celle des indigènes d'Afrique, d'Amérique, d'Australie ou d'Asie confrontés au colonialisme européen. Dans *La*

1. E. Sambar, *Figures du Palestinien. Identité des origines, identité de devenir*, Paris, Gallimard, 2004, p. 73.
2. Il écrit d'abord : « *En décembre 1918, la population palestinienne se répartit comme suit selon les sources britanniques : 512 000 musulmans, 61 000 chrétiens et 66 000 juifs, dont 12 000 immigrants.* » Puis il évoque « *une population totale de près de 1 400 000* » Palestiniens en 1948. Le peuplement indigène en Palestine est donc passé de 600 000 âmes en 1918 à près de 1 400 000 trente ans plus tard. (*Ibid.*, p. 108 et p. 194).

Violence nazie, une généalogie européenne, Enzo Traverso donne quelques chiffres :

> Les conséquences catastrophiques du colonialisme seront perceptibles à long terme, non pas dans les champs de bataille, où les pertes furent somme toute limitées, mais sur l'ensemble des territoires conquis, à cause d'un déclin démographique qui, dans plusieurs cas, ne peut être qualifié autrement que sous l'appellation de génocide. La population de l'actuel Sri Lanka comptait avant la colonisation entre 4 et 10 millions d'âmes ; en 1920 elle était réduite à environ un million. Entre 1830 et 1870, la population algérienne connut une baisse de 15 à 20%, passant de 3 à 2,3 millions [...]. Au Congo, où l'exploitation sauvage mise en œuvre dans les mines de cuivre du roi Léopold II s'apparentait à une véritable forme d'extermination par le travail, la population diminua de moitié entre 1880 et 1920, passant de vingt à dix millions. En Côte d'Ivoire, la population baissa en dix ans, entre 1900 et 1910, de 1,5 millions à 160 000. Au Soudan, la chute démographique était de 75 % : de 8-9 millions d'habitants en 1882, année du début de la colonisation anglaise à 2-3 millions en 1903. À Tahiti et en Nouvelle Calédonie, le déclin démographique fut de 90%. Selon les estimations les plus fiables, le nombre de victimes des conquêtes européennes en Asie et en Afrique au cours de la seconde partie du XIXe siècle tourne autour de 50-60 millions, dont la moitié environ due à la famine en Inde[1].

À l'inverse des phénomènes observés depuis Tahiti jusqu'au Brésil en passant par l'Algérie ou le Soudan, le nombre des indigènes palestiniens, moins de 600 000 âmes en 1917, avait plus que doublé en trente années de colonisation sioniste. Et, si l'on fait abstraction des violences interethniques qui, en Palestine, ont émaillé ce laps de temps, de 1917 à 1947, et ouvraient la voie au pire, le fait est que *l'extraordinaire*

---

1. E. Traverso, *La Violence nazie, une généalogie européenne*, Paris, La Fabrique, 2002, p. 75-76.

peuplement judéo-palestinien d'un territoire étroit et démuni a contribué à développer le pays au bénéfice de tous ses habitants. En outre, c'est l'immigration juive qui a redonné à la Palestine son antique statut de « pays », ainsi que le rappelle Hobsbawm :

> L'Algérie n'a aucune unité en tant que pays en dehors de son expérience française après 1830 ou, plus précisément, de sa lutte contre la France, et pourtant on peut voir que son caractère de nation est au moins aussi bien établi aujourd'hui que celui des unités politiques « historiques » du Maghreb, la Tunisie et le Maroc. Il est encore plus flagrant que c'est l'expérience commune d'installation et de conquête sioniste qui a créé un nationalisme palestinien associé à un territoire qui, jusqu'en 1918, au sud de la Syrie à laquelle il appartenait, n'avait pas même de véritable identité régionale[1].

Donc non seulement la population indigène de Palestine a plus que doublé de 1917 à 1947, tandis qu'un demi-million de juifs s'implantaient sur le territoire, mais en outre l'identité palestinienne, en termes de peuple et de pays, s'est construite durant ce laps de temps. Qu'importe, répondent les militants parisiens de la cause antisioniste, dont la conviction est inébranlable : un « *acte continu depuis 1881 de destruction organisée de la Palestine et des Palestiniens* » ; « *la destruction pure et simple du peuple palestinien* ». On songe à *La Destruction des juifs d'Europe* de Raul Hilberg, et c'est apparemment ce qui seul importe.

Les faits étant rétablis, et les interprétations disposées, reste à discuter des principes : identifier l'immigration juive en Palestine avec l'expulsion de près de 800 000 Palestiniens en 1948, soit ces importantes migrations de masses humaines que redoutait Trotski, est-ce politiquement fondé ? Je soutiens pour ma part que cela ne l'est pas, car il n'y a nulle contradiction insurmontable à ce qu'un « un pays pour les Juifs »

---

1. E. Hobsbawm, *Nations et nationalismes depuis 1780* (1990), trad. de D. Peters, Paris, Gallimard, 1992, p. 256.

soit *également* pour les Arabes palestiniens. Autrement dit, ce n'est pas l'immigration juive en Palestine qui est en cause dans le désastre (*Nakbah*), c'est la défaite des logiques sociales progressistes, dont les virtualités étaient pourtant sensibles de 1881 à 1947. Il n'y a pas de corrélation nécessaire entre l'immigration, fût-elle massive, d'une population étrangère sur un territoire défini, et l'appauvrissement, l'asservissement, l'expulsion ou l'élimination de la population autochtone. L'histoire de la Palestine mandataire en témoigne : l'immigration juive en Palestine pouvait être une bénédiction pour tous ses habitants, et tous ceux encore à venir, juifs *et* arabes, à condition de vaincre les logiques réactionnaires, juives *et* arabes. Hélas, elles furent victorieuses. Disons la chose ainsi : *au sein d'une dynamique sociale progressiste, un être humain ne prend pas de place, il en crée* ; au sein d'une dynamique sociale réactionnaire, c'est l'inverse.

*

Au lendemain de la guerre de 1967, Sartre consacre un numéro spécial des *Temps Modernes* au « *conflit israélo-arabe* ». Il y donne la parole à des Israéliens d'un côté, des Arabes de l'autre. Le dossier en deux parties de cinq cents pages, soit mille pages, est précédé d'un article introductif de Maxime Rodinson intitulé : « Israël, fait colonial ? » Ce n'est ni un Israélien, ni un Arabe qui pose la question, c'est un historien. Et au terme de son étude, il répond :

> Je crois avoir démontré dans les lignes qui précèdent que la formation de l'État d'Israël sur la terre palestinienne est l'aboutissement d'un processus qui s'insère parfaitement dans le grand mouvement d'expansion européo-américain des XIXe et XXe siècles pour peupler ou dominer économiquement les autres terres. Il s'agit d'ailleurs d'un diagnostic évident, et je n'ai employé tant de mots pour l'énoncer que par la faute des efforts désespérés qu'on a multipliés pour

> le dissimuler. Il s'agit là de faits. Pour ce qui est des termes, il me semble que celui de processus colonial convient fort bien, étant donné le parallélisme évident avec les phénomènes qu'on s'accorde à nommer ainsi. Mais c'est là une question de linguistique[1].

Le verdict de l'historien est sans appel : Israël est un bel et bien un « *fait colonial* », quels que soient les « *efforts qu'on a multipliés pour le dissimuler* ». S'appuyant sur la conclusion de l'historien en 1967, le philosophe écrit en 2005 : « *Il est encore moins rationnel de prétendre trouver dans les chambres à gaz nazies de quoi conférer à l'État colonial d'Israël, installé au Moyen-Orient (et non en Bavière...), un statut dérogatoire à celui que depuis des décennies on confère à tous les États coloniaux.* » À les suivre, la messe est dite : le sionisme appartient à la même matrice que le colonialisme « classique », au même « *grand mouvement d'expansion européo-américain des XIX*e *et XX*e *siècles pour peupler ou dominer les autres terres* ». À embrasser du regard la chose coloniale dans son ensemble, on voit en effet des Européens venir exproprier des indigènes et les dominer, parfois les exterminer, que ce soit en Amérique, en Afrique, en Asie, en Australie ou en Palestine. Quant à l'absence de métropole dans le cas singulier du sionisme, l'historien connaît la chanson :

> « *En guise de métropole, des Juifs pourchassés d'un pays à l'autre en Europe* », m'objectent les étudiants juifs de France. On a vu ce qu'il fallait en penser. Le rôle historique de métropole à l'égard du *yishouv* a été joué collectivement par l'Europe qui s'est débarrassée sur la Palestine des éléments qu'elle jugeait indésirables, comme elle envoyait ses forçats coloniser l'Australie ou la Guyane. La Grande-Bretagne a été l'élément moteur en ce qu'elle a conquis par la force des armes le territoire à occuper, y a établi une administration

1. M Rodinson, *Peuple juif ou problème juif ?* (où l'article paru dans les *Temps Modernes* est réédité), *op. cit.*, p. 233.

> et imposé, suivant le vocabulaire qui lui est propre, la loi et l'ordre. En contrepartie, elle a subi la colère de ses « colons » quand elle a prétendu limiter leurs progrès dans la voie de la domination dudit territoire[1].

La description des faits est instruite, objective, et la conclusion à en tirer aussi définitive que le jour : Israël est une création coloniale, depuis Josué jusqu'à Ben Gourion. S'ensuit l'énoncé de Milner, légèrement retouché : *dans un espace discursif où l'anticolonialisme est censé donner accès au lieu des solutions vraies, le nom juif dit que non à toute solution.* Inquiets de la montée en puissance d'un antijudaïsme aujourd'hui adossé à une idéologie anticoloniale, les idéologues de la « réaction philosémite » en ont conclu, parfois sous la férule de Finkielkraut, parfois sous le charme de Milner, que l'antijudaïsme était devenue une idée de « gauche », une idée « progressiste », et qu'une idéologie néocoloniale, moyennant quelque savante retouche, pourrait dorénavant se présenter sous les atours d'un honorable combat contre l'antisémitisme des damnés de la terre. Au beau milieu de cette pagaille, je me dressai, armé d'une idée simple : une idéologie réactionnaire, qu'elle apparaisse sous la plume de Renaud Camus, de Bouteldja ou de Finkielkraut, prépare toujours le terrain à l'antijudaïsme ; de même que l'antijudaïsme, qu'il apparaisse sous la plume d'un progressiste ou d'un révolutionnaire, est toujours la manifestation d'un reste d'idéologie réactionnaire. Faisons, de cette idée simple, la démonstration.

L'historien Rodinson identifie partout un même « *mouvement d'expansion européo-américain* », y compris en Palestine où il se poursuivrait encore de nos jours. Mais ce « *mouvement d'expansion européo-américain* », à quel trait distinctif le ramène-t-il en dernière analyse ? Il existe à ce sujet principalement deux orientations dans la pensée : selon une première,

---

1. *Ibid.*, p. 226-227.

ce « *mouvement d'expansion* » est un impérialisme, conçu comme le stade suprême du capitalisme, et c'est notamment l'orientation de Lénine ; selon une autre orientation, en revanche, le trait distinctif de ce « *mouvement* » n'est pas une catégorie politique, mais historique, c'est-à-dire descriptive, factuelle, et c'est donc l'orientation de Rodinson, aux yeux de qui la question de la nomination est finalement très secondaire, n'étant somme toute qu'une « *question de linguistique* ». En historien rigoureux, il préfère les faits aux interprétations :

> L'argument souvent avancé par les sionistes, insistant sur l'aspiration constante du judaïsme vers le retour à Sion, est aussi peu convaincant. C'est faire des préoccupations intimes d'un sujet une loi pour l'autre. Rien dans tous ces arguments historiques, si impressionnants qu'ils aient été pour certains esprits religieux ou pénétrés d'idéologie nationaliste, ne peut transformer l'implantation d'un élément *étranger* au détriment d'un peuplement *indigène*, dans le sens habituel de ces termes, en un simple retour au pays natal [*soulignés dans le texte*][1].

Déterminé à ce que la théologie se mette en règle avec l'histoire, Rodinson s'en tient aux faits. On ne peut cependant s'en tenir aux faits sans que ne se pose, de quelque manière, à un moment ou un autre, une « *question de linguistique* ». Et à cet égard, un homme averti en vaut deux. Le trait saillant du colonialisme « classique », l'historien, à la fin des fins, le reconnaît donc à ceci : « l'implantation d'un élément *étranger* au détriment d'un peuplement *indigène*, dans le sens habituel de ces termes. » Et il souligne les termes : élément *étranger* d'une part, peuplement *indigène* de l'autre. Autrement dit : un élément étranger *aliène* un peuplement indigène. Tel serait le trait saillant de l'impérialisme, sinon depuis toujours, du moins depuis la plus lointaine antiquité, ainsi que le remarque Weil en 1943 :

1. *Ibid.*, p. 219.

> Des êtres vraiment déracinés n'ont guère que deux comportements possibles : ou ils tombent dans une inertie de l'âme presque équivalente à la mort, comme la plupart des esclaves au temps de l'Empire romain, ou ils se jettent dans une activité tendant toujours à déraciner, souvent par les méthodes les plus violentes, ceux qui ne le sont pas encore ou ne le sont qu'en partie.

Le problème est qu'à s'en tenir là, le trait distinctif du colonialisme « classique » n'est pas substantiellement différent de l'immigration africaine et arabo-musulmane en Europe, ou de l'immigration asiatique et mexicaine en Amérique du Nord : l'implantation d'un élément *étranger* au détriment d'un peuplement *indigène*. C'est en effet le discours dominant, en Europe et en Amérique du Nord, depuis les années soixante-dix : l'immigration massive de populations africaines, arabo-musulmanes, asiatiques ou mexicaines, menace de se produire *au détriment* des peuplements européens ; autrement dit, elle menace de les *aliéner*. Car des êtres vraiment déracinés n'ont guère que deux comportements possibles, etc.

Telle est donc la secrète anfractuosité des textes : l'argument de Rodinson, Deleuze ou Badiou est pareillement celui de Renaud Camus et de ses amis, si ce n'est que ces derniers appliquent cette grille de lecture à l'immigration contemporaine, qui est un même « *mouvement d'expansion* » que celui du colonialisme « classique » des XIXe et XXe siècles, mais en sens inverse, depuis l'Amérique (du Sud), l'Afrique et l'Asie vers les peuplements européens. La « *linguistique* » de l'historien Rodinson nous reconduit à l'écrivain d'extrême droite. L'argument de chacun est singulièrement semblable, en effet, quand bien même leurs intentions ne le seraient pas : « *l'implantation d'un élément* étranger *au détriment d'un peuplement* indigène. »

Revenons maintenant à la première orientation, celle de Lénine. Le colonialisme « classique » est un mouvement d'expansion impérialiste, identifiable, en dernière analyse, à deux traits saillants : appropriation de l'or et exploitation de la force de travail. Sa rationalité économique consiste à poursuivre méthodiquement ces deux objectifs dans le monde entier, et pour ce faire il n'hésite pas à employer les méthodes les plus violentes (massacres à grande échelle, « traite des Noirs », soumission des peuples indigènes, etc.). Les faits historiques sur lesquels Lénine appuie son analyse en 1916 sont structurellement identiques à ceux que connaît Rodinson en 1967, mais la montée en généralisation diffère chez l'un et l'autre : là où Rodinson voit l'implantation d'un élément *étranger* au détriment d'un peuplement *indigène*, Lénine voit ou bien l'appropriation d'or et l'exploitation d'une force de travail, ou bien un phénomène qui ne relève pas principalement du colonialisme « classique ».

Et le gain de l'orientation marxiste est donc notamment celui-ci : l'immigration massive de populations étrangères vers les pays peuplés d'Européens, depuis les années soixante-dix, n'est pas un « *mouvement d'expansion* » analogue à celui des Européens vers le reste du monde, puisque, dans un sens, il s'agit d'aller s'approprier l'or et exploiter la force de travail d'autrui, dans le sens inverse d'aller échanger sa force de travail contre une poussière d'or. Et le paradoxe de l'affaire, c'est qu'on a donc jugé en son temps que l'immigration des premiers était légale, et qu'aujourd'hui on juge l'immigration des seconds illégale. L'appropriation de l'or et l'exploitation de la force de travail, tel est en effet le b-a.ba de l'analyse marxiste, qu'il s'agisse d'étudier l'histoire ou le droit formel.

Reléguant au second plan une « *question de linguistique* », celle-là même qui occupe Lénine, l'historien Rodinson en vient donc à entériner, bien malgré lui, une nomination équivoque : « *l'implantation d'un élément* étranger *au détriment d'un peuplement* indigène. » Et à cette aune, certes, Israël est bel et bien une création coloniale « classique », mais le prix à payer est lourd. Certains pensent que le jeu en vaut la chandelle, d'autres que c'est vendre son âme au diable. Mais pour qui s'en tient fermement au b-a.ba de l'analyse marxiste, le mot de Said est donc définitif : « *les juifs ne sont pas des colonialistes ordinaires.* » Et le sionisme n'est pas un fait colonial « classique » : son premier moteur n'était ni l'appropriation des richesses naturelles d'un territoire, ni l'exploitation de la force de travail indigène, ni l'accès à de nouveaux marchés, de nouveaux ports, etc. Son premier moteur était l'histoire d'une pérégrination juive multiséculaire ayant abouti à un vœu : « *qu'il y ait un endroit au monde où les juifs ne soient pas une minorité.* » Montant en généralité, l'historiographie « classique » nous objecte : l'implantation d'un élément *étranger* au détriment d'un peuplement *indigène*, qu'est-ce, à la fin des fins, sinon un fait colonial « classique » ? Nombreux sont les philosophes, les historiens, les militants, à considérer que le débat est clos : Israël est une création coloniale, archaïque vestige d'une époque révolue. Le verdict est rendu. Et après tout, nul n'est contraint d'être marxiste.

⋆

Qu'est-ce donc que le marxisme ? Invité par Sina Badiei à se prononcer sur ce qu'il entend par « marxisme », Alain Badiou répond d'abord que c'est une « *pensée* ». Puis, au terme de sa conférence, il précise : c'est « *l'opération continuée de médiation entre discernement populaire et action*[1] ». Certains de ses proches disciples, antisionistes convaincus, ont savamment enquêté, puisant à la source du discernement populaire, et au terme de leur enquête ils ont su discerner une chose : Ivan Segré est « sioniste » ; entendez : « colonialiste ». Je conçois autrement « *l'opération continuée de médiation entre discernement populaire et action* », étant un marxiste d'une autre facture, et c'est pourquoi je leur réponds : je suis sioniste,

1. Voir *Qu'est-ce que j'entends par marxisme ?*, Paris, Les éditions sociales, 2016, p. 70.

en effet, je ne crains pas de l'affirmer. Et j'ajoute aussitôt qu'en tant que sioniste, je prends acte de ceci : le respect et l'intelligence du texte de la proclamation d'indépendance prononcée par Ben Gourion le 14 mai 1948 suppose aujourd'hui de créer un État commun israélo-palestinien, binational et bi-linguistique, sur l'ensemble du territoire de la Palestine mandataire, du Jourdain à la mer, du Golan au Sinaï. Le nationalisme conséquent de Sharon était-il une ruse de la Raison ? Je l'ignore. Mais le fait est que la colonisation méthodique des « territoires » de Cisjordanie depuis 1977 a réécrit le texte de 1948, si bien que c'est dorénavant de deux choses l'une, ou bien le livre est brûlé, ou bien on y lit la proclamation suivante :

> L'État israélo-palestinien sera ouvert à l'immigration des Juifs de tous les pays où ils sont dispersés, comme il sera ouvert à l'immigration des Palestiniens de tous les pays où ils sont dispersés ; il développera le pays au bénéfice de tous ses habitants ; il sera fondé sur les principes de liberté, de justice et de paix enseignés par les prophètes d'Israël, de l'Évangile et du Coran ; il assurera une complète égalité de droits sociaux et politiques à tous ses citoyens, sans distinction de croyance, de race ou de sexe ; il garantira la pleine liberté de conscience, de culte, d'éducation et de culture ; il assurera la sauvegarde et l'inviolabilité des Lieux saints et des sanctuaires de toutes les religions et respectera les principes de la Charte des Nations Unies.

C'est sur ces paroles que je rompais avec les fondateurs du collectif « Israël-Palestine, un seul pays, un seul État », une fois acquis que nous ne partagions pas la même idée : je posais comme principe *l'égale ouverture du pays à l'immigration des Juifs et des Palestiniens* ; eux ne voulaient pas entendre parler d'un pays ouvert à l'immigration des Juifs, seuls les exilés palestiniens, c'est-à-dire principalement leurs descendants, ayant *droit* à retourner sur une terre qui est la leur. Car tel était leur axiome politique : *il y a les indigènes palestiniens et les colons juifs*. Paisiblement installés dans quelque appartement parisien, ces militants français pour la Palestine se revendiquaient de Francis Jeanson : pas de compromis avec le colonialisme européen, qu'il soit français ou juif, mais une héroïque détermination à tenir ferme sur quelques principes universels, le premier d'entre eux étant la nécessaire disparition de l'État colonial d'Israël sous quelque forme qu'il existe, y compris celle d'un pays, d'un État, « Israël-Palestine », ouvert par principe à l'immigration des Palestiniens *et* des Juifs. Comprenant que nous ne parlions pas le même langage, et mesurant pleinement les enjeux d'une « *question de linguistique* », je pris mon bâton et ma besace, et quittai les lieux.

⋆

Les êtres humains sont tous des déracinés, raison pour laquelle la question n'est pas celle de l'origine, mais celle de l'existence : non pas d'où tu viens, d'ici ou d'ailleurs, mais quels sont tes idées, tes paroles et tes actes. Un énoncé de l'Organisation politique ressaisit ce principe par une heureuse formule : « Tous ceux qui sont ici sont *d'*ici. » Est-ce un principe valant toujours, partout, pour tous, y compris pour les colons juifs de Palestine ? Je posai un jour la question à un militant antisioniste. Il me répondit que non, que ce qui pouvait valoir pour l'immigré arabe vivant sur le sol de la France de toujours n'était pas vrai pour le colon sioniste vivant sur le sol de la Palestine arabe de toujours, que l'énoncé ne saurait donc valoir partout, toujours, pour tous, qu'il fallait distinguer les situations historiques concrètes, matérielles, sociales, nationales, etc. Il posait à son insu un axiome : il y a les autochtones et les étrangers, les gens d'ici et ceux d'ailleurs. Et si, à la différence de Renaud Camus, il souhaitait reconnaître dans l'immigré arabe ou musulman quelqu'un « d'ici », de France, c'est parce que celui-ci appartenait à une minorité ethnique et confessionnelle, à la différence du colon juif en Palestine, envahisseur venu en nombre depuis 1917, sinon depuis 1881, mener à bien une entreprise d'aliénation, de domination, d'expropriation, de destruction et d'élimination. Entre l'écrivain d'extrême droite et le militant antisioniste, il y a parfois une proximité touchante, presque enfantine, par endroits fabuleuse. Et nous connaissons l'argument de la fable : le « juif » est le déraciné ontologique, et par voie de conséquence l'ennemi de l'arbre humain. Car l'humain est enraciné, ou mort-né. Et le « juif » déracine.

Étant un révolutionnaire d'une autre race que celle des gardiens de la porte, je maintiens que l'énoncé de l'Organisation politique est tout-puissant, qu'il est vrai toujours, partout, pour tous, que « *tous ceux qui sont ici sont* d'*ici* » et qu'une fois cela posé on discute exclusivement des idées, des paroles et des actes. On sait les grandes lignes du principe équitable : liberté de philosopher, indifférence de la politique au sexe, au culte et à l'ethnie, axiome d'étrangeté, socialisme victorieux, compréhension mutuelle et, en dernier recours, tribunal international prolétarien. Mais il importait de le rappeler. Car il y a tant d'antisionistes qui s'imaginent incarner une universalité radicale, quand de celle-ci ils n'ont ni le vêtement, ni la peau, ni l'os. À vrai dire, ils n'en ont que le poil. Appelons-les donc : *des pingouins de l'universel.*

ÉPILOGUE

> « *When, lo, there came about them all a great brightness and they beheld the chariot wherein He stood ascend to heaven.* »
>
> J. Joyce, *Ulysses*

Nous rapportions que le Talmud, au traité Sabbat 89a, apprend, sur la base d'une étymologie vraisemblablement fantaisiste du nom « Sinaï » (où s'entendrait l'hébreu *sinah*, « haine »), que *la Torah donnée au Sinaï a provoqué la haine des nations*. C'est ainsi, en effet, qu'on rapporte communément l'enseignement du Talmud : les nations vouent à Israël une haine tenace, parfois féroce, depuis le don de la Torah au Sinaï. Marc-Alain Ouaknin, dans un livre sur les noms bibliques, traduit le court passage en question : « *Pourquoi le nom de Sinaï ? Parce que la haine (sina) des nations païennes est descendue sur ce mont.*[1] » Dans la traduction du traité Sabbat par le Rabbinat de France, due au rabbin Désiré Elbèze, on découvre toutefois une version sensiblement différente du même passage : « *pourquoi la montagne porte-t-elle le nom de Sinaï ? Parce que c'est une montagne sur laquelle est descendue la Sina – haine pour les autres peuples de la terre.* » Y figure également une note de bas de page où est rapportée la glose de Rashi, fameux rabbi du XIe siècle : « *Parce qu'ils n'ont pas reçu la Torah.* » À suivre cette autre traduction, agrémentée du commentaire de Rashi, il n'est donc pas question de la haine *des* nations, mais de la haine « *pour* » les nations.

Et, de fait, le texte araméen porte : *sinah le-akhoum* ; ce qui signifie littéralement : « *haine pour les adorateurs des*

1. M.-A. Ouaknin, *Le Livre des prénoms bibliques et hébraïques*, Paris, Albin Michel, 1997, p. 274.

étoiles. » Le sens est donc celui-là : dans le nom « Sinaï », le Talmud entend la haine *pour* les adorateurs des étoiles. Et Rashi d'expliquer : « *parce qu'ils n'ont pas accepté la Torah.* » Au Sinaï, le dieu a haï les adorateurs des étoiles ; ou bien encore : il les hait depuis le Sinaï, parce qu'ils n'ont pas accepté la Torah. Tel est l'enseignement du Talmud, éclairé par le commentaire de Rashi. Cela n'a donc rien à voir avec l'antijudaïsme, l'antisémitisme, l'antisionisme. Mais on tend communément à forcer l'interprétation de ce bref passage. En témoignent les quelques mots que risque Jan Assman à ce sujet. Évoquant d'abord « *la haine envers les païens* » qu'aurait introduite le mosaïsme dans un univers polythéiste jusque-là tolérant, voire bonhomme, il fait aussitôt après mention de notre texte : « *Le Traité talmudique babylonien 89a aborde la signification du nom Sinaï. L'explication est la suivante : c'est la montagne depuis laquelle la haine (*sin'ah*) s'est déversée sur les peuples du monde. Les peuples du monde sont jaloux du peuple élu à qui la Torah a été donnée sur le mont Sinaï.*[1] ». Assmann hésite manifestement entre deux lectures, la première retenant la haine envers les païens, la seconde la jalousie envers le peuple élu. En note, il « *remercie Almut Sh. Bruckstein qui m'a expliqué le passage*[2] ». Mais entre ce que Bruckstein a entendu du Talmud, et ce qu'Assmann a entendu de Bruckstein, il est bien difficile de se faire une idée de ce que le Talmud a entendu dans le nom « Sinaï » : s'agit-il d'une « haine » (*sinah*) envers les païens ou envers le peuple élu ? À revenir au Talmud, la signification est pourtant univoque : la montagne est nommée « Sinaï » parce qu'y est descendue la haine du dieu *pour* les adorateurs des étoiles. Il n'est donc pas question d'antijudaïsme, mais il pourrait être question, en revanche, des vertus patriotiques

---

1. J. Assman *Le Prix du monothéisme*, 2003, trad. fr. Paris, Flammarion, 2007, p. 37.
2. *Ibid.*, note 19, p. 198.

que Spinoza attribue aux Hébreux assiégés dans Jérusalem : « *la dévotion envers la patrie, le droit absolu envers tous les autres peuples et la haine non seulement permise mais même pieuse, le fait de les tenir tous pour ennemis.* » La haine du dieu pour les païens, n'est-ce pas, une fois l'enseignement sécularisé, la haine des Hébreux pour les autres nations, « *haine non seulement permise mais même pieuse* » ? On se souvient de ce que Modrzejewki croit pouvoir conclure au sujet du « Sinaï » :

> Le don de la Tora reproduit l'image fixée par l'idéologie politique des monocraties orientales selon laquelle le véritable auteur des lois imposées à un peuple n'est pas le souverain qui les proclame mais la divinité qui les donne. Le premier législateur du monde connu de l'histoire, Ur-Nammu, a reçu ses lois du dieu-lune Nanna, divinité tutélaire de la ville d'Ur en Mésopotamie. Sur la stèle trouvée à Suse au début du XXe siècle et conservée au Louvre, le roi Hammourabi écoute debout les lois que lui dicte le dieu-soleil Shamash, seigneur de justice.

L'érudit papyrologue omet toutefois de remarquer que, dans le cas de Moïse, le lieu où est donnée la loi diffère singulièrement, et que par voie de conséquence diffèrent singulièrement le dieu qui s'y manifeste ainsi que la loi qu'il transmet. C'est au Sinaï que la scène mosaïque se déroule, or c'est une montagne au beau milieu du *désert* : lieu dénué de toute ressource naturelle, lieu in-appropriable, in-transformable, quasi-abstrait. Au Sinaï, il n'y a pas d'autochtone, tous y sont également déracinés. C'est une différence qu'il est nécessaire d'avoir à l'esprit lorsqu'on étudie le Talmud. Qui la perd de vue, s'égare sûrement.

Revenons maintenant à l'enseignement du traité Sabbat 89a. À suivre Rashi, ce n'est nullement de « *la dévotion envers la patrie* » ou du « *droit absolu envers tous les autres peuples* » qu'il est question au Sinaï, mais d'une haine pour les adorateurs des étoiles *parce qu'ils n'ont pas accepté la Torah.*

D'où Rashi apprend-il cela ? On peut partir à la recherche de sources dans l'immensité du corpus talmudique, mais on peut également s'en tenir à la seule logique d'un texte qui se suffit par lui-même, et sur cette seule base reconstituer le raisonnement de Rashi. Si le Talmud enseigne que *la haine du dieu pour les adorateurs des étoiles* est apparue là, au « Sinaï », c'est donc que cette haine est en relation avec le don de la Torah ; d'où suivent deux interprétations possibles : ou bien, 1. : une fois que le dieu a élu Israël en lui donnant sa Torah, c'est devenu son peuple élu, et à partir de ce moment *son amour pour Israël est à la mesure de sa haine pour les autres nations* (d'où la relation qu'établirait le Talmud entre le nom « Sinaï » et la haine) ; ou bien, 2. la haine qu'éprouve le dieu au Sinaï n'est pas le revers ambivalent de l'amour, mais la conséquence de ce qui eut lieu au « Sinaï », ou à propos du « Sinaï ». Que peut-il avoir eu lieu au Sinaï, ou à propos du Sinaï, qui justifiât que le dieu éprouve de la *haine* – d'où le nom *Sinaï* ? Rashi répond : on a refusé sa Torah.

C'est en effet d'une logique implacable : ou bien 1. la haine en question dans le nom « Sinaï » est la conséquence du fait qu'Israël a accepté la Torah ; ou bien 2. elle est la conséquence du fait qu'on n'a pas accepté la Torah. Le Talmud, sans la glose de Rashi, nous éprouve. Rashi, lui, veut être aussi didactique que possible à cet endroit précis.

Un praticien éclairé du Talmud le voit aussi nettement que Rashi : ce que les sages d'Israël entendent dans le nom donné au mont *Sinaï*, c'est que la Torah y est descendue *pour tous*, qu'elle est donc rigoureusement universelle, mais que certains – qu'on appelle « *adorateurs des étoiles* » – n'y veulent rien entendre. Et il semblerait que le dieu ait en horreur leur surdité animale.

*

Sans avoir rien fait de mal, précise le narrateur dès la première phrase du roman de Kafka. Et pourtant, à son terme Joseph K. est exécuté, et *c'était comme si la honte dût lui survivre*. Est-ce parce qu'on l'avait calomnié ? C'est l'hypothèse que le récit anéantit : Joseph K. n'est inculpé ni à raison ni à tort. Car on ne lui reproche pas un acte, une parole, une idée, on lui reproche d'*être là, déraciné, comme un homme*.

TABLE

Avertissement 11

Prologue 13

I 29

II 79

Épilogue 157

lignes

Titres parus

Amato, Pierandrea
La Révolte
Amselle, Jean-Loup
L'Anthropologue et le politique
L'Ethnicisation de la France
Les Nouveaux rouges-bruns
le Musée exposé
Arlix, Éric ; **Massera**, Jean-Charles
Le Guide du démocrate
Aron, Raymond ; **Foucault**, Michel
Dialogue
Badiou, Alain
De quoi Sarkozy est-il le nom ?
L'Hypothèse communiste
Le Réveil de l'Histoire
Sarkozy : pire que prévu ; les autres : prévoir le pire
Entretien platonicien (Avec **Kakogianni**, Maria)
Un Parcours grec
Badiou, Alain ; **Finkielkraut**, Alain
L'Explication
Badiou, Alain ; **Žižek**, Slavoj (dir.)
L'Idée du Communisme, I
L'Idée du Communisme, II
Bataille, Georges
L'Alleluiah
L'Anus Solaire suivi de *Sacrifices*
Discussion sur le péché

La Notion de dépense
La Souveraineté
La Structure psychologique du fascisme
À en-tête de « Critique »
(correspondance, avec **Weil**, Eric)
La Valeur d'usage de D.A.F. de Sade
La Limite de l'utile

Belhaj Kacem, Mehdi
Inesthétique et Mimesis

Belpoliti, Marco
Berlusconi, le corps du Chef

Bensaïd, Daniel
Penser, agir (1989-2009)
Le Spectacle, stade ultime du fétichisme…
Un nouveau théologien : Bernard-Henri Levy

Bensaïd, Daniel ; **Krivine**, Alain
1968, fins et suites

Benslama, Fethi
La Guerre des subjectivités en islam
L'idéal et la cruauté (dir.)

Bloch, Ernst
Rêve diurne, station debout et utopie concrète

Bergen, Véronique
Le Corps glorieux de la top-modèle

Brossat, Alain
Bouffon Imperator
Tous Coupat, tous coupables

Calame, Claude
Avenir de la planète et urgence climatique

Chatelet, Gilles
Les Animaux malades du consensus

Collectif
Le Symptôma grec

Institut de démobilisation
Thèses sur le concept de grève
Crowley, Martin
L'Homme sans
Curnier, Jean-Paul
Le Commerce des charmes
Prospérités du désastre
Philosopher à l'arc
La Piraterie dans l'âme
Derrida, Jacques ; **Gadamer**, Hans-Georg ;
Lacoue-Labarthe, Philippe
La Conférence de Heidelberg
Derrida, Jacques ; **Baudrillard**, Jean
Pourquoi la guerre aujourd'hui ?
Dollé, Jean-Paul
L'Inhabitable capital
Foucault, Michel
Le Corps utopique, Les hétérotopies
Préface à la transgression
Fraisse, Geneviève
Les Excès du genre
Galibert, Jean-Paul
Les Chronophages
Suicide et Sacrifice
Gauthier, Alain
Jean Baudrillard. Une pensée singulière
Girard, Mathilde
L'Art de la faute (chez Georges Bataille)
Guattari, Félix
65 Rêves de Franz Kafka
De Leros à La Borde
Écrits pour l'anti-Œdipe
Qu'est-ce que l'Écosophie ?

Guattari, Félix ; **Negri**, Toni
Les Nouveaux espaces de liberté
Huyghe, Pierre-Damien
Modernes sans modernité
Jacquemond, Olivier
Le Juste nom de l'amitié
Jappe, Anselm
Crédit à mort
Jugnon, Alain
Artaudieu
Le Devenir Debord
Contre Onfray
Koch, Michel
Piété pour la chair
Kurz, Robert
Vies et mort du capitalisme
Lacoue-Labarthe, Philippe
La Réponse d'Ulysse et autres textes sur l'Occident
Lavant, Christine
La Mal née
Un art comme le mien n'est que vie mutilée
Lefebvre, Henri
Vers un romantisme révolutionnaire
Manchev, Boyan
L'Altération du monde
Margel, Serge
Les Archives fantômes
La Société du spectral
Marmande, Francis
Faites les fêtes
Le Pur bonheur. Georges Bataille
Mascolo, Dionys
Sur le sens et l'usage du mot gauche

Mong-Hy, Cédric
Bataille cosmique
Munster, Arno
André Gorz, le socialisme difficile
Pour un socialisme vert
Nancy, Jean-Luc ; **Girard**, Mathilde
Proprement dit
Neumann, Gert
Description d'un échec et autres textes
Neyrat, Fréderic
Le Communisme existentiel de Jean-Luc Nancy
Nichanian, Marc
Le Sujet de l'Histoire
Okada, Toshiki
Freetime
Paoli, Guillaume
Éloge de la démotivation
Prado, Plinio
Le Principe d'Université
Prosper, Martine
Édition : l'envers du décor
Reynard, Jean-Michel
Sans Sujet
Rogozinski, Jacob
Cryptes de derrida
Philippe Lacoue-Labarthe (dir.)
Rosenthal, Olivia
Viande froide
Sala-Molins, Louis
Esclavage réparation
Samios-Kazantzakis, Eleni
La Véritable tragédie de Panaït Istrati

Segré, Ivan
Qu'appelle-t-on penser Auschwitz ?
La Réaction philosémite
L'Intellectuel compulsif
Surya, Michel
Portrait de l'intermittent du spectacle en supplétif de la domination
Le Polième (Bernard Noël)
Les Singes de leur idéal
Capitalisme et djihadisme
Traoré, Mahmoud ; **Le Dantec**, Bruno
Partir et raconter
Wanhich, Sophie
Le Radeau démocratique

Les Pingouins de l'universel
d'Ivan Segré

Ouvrage proposé et édité par Michel Surya

A été achevé d'imprimer en mars 2017

Imprimé en Europe

Dépôt légal avril 2017

ISBN 978-2-35526-169-5
EAN 9782355261695

Lignes
www.editions-lignes.com